全国工会干部培训基础教材

工会基础理论概论

全国工会干部培训基础教材编写委员会◎编

中国工人出版社

图书在版编目（CIP）数据

工会基础理论概论 / 全国工会干部培训基础教材编写委员会编 .—
北京：中国工人出版社，2023.3
ISBN 978-7-5008-8101-8

Ⅰ . ①工…　Ⅱ . ①全…　Ⅲ . ①工会工作 – 中国 –
干部培训 – 教材　Ⅳ . ① D412.6

中国国家版本馆 CIP 数据核字（2023）第 025713 号

工会基础理论概论

出 版 人　董　宽
责任编辑　安　静
责任校对　赵贵芬
责任印制　栾征宇
出版发行　中国工人出版社
地　　址　北京市东城区鼓楼外大街45号　邮编：100120
网　　址　http://www.wp-china.com
电　　话　（010）62005043（总编室）
（010）62005039（印制管理中心）
（010）62382916（工会与劳动关系分社）
发行热线　（010）82029051　62383056
经　　销　各地书店
印　　刷　北京市密东印刷有限公司
开　　本　660毫米 × 960毫米　1/16
印　　张　14.5
字　　数　175千字
版　　次　2023年3月第1版　2024年12月第6次印刷
定　　价　35.00元

全国工会干部培训基础教材
编写委员会

团结动员亿万职工
为全面建设社会主义现代化国家
贡献力量（代序）

王东明

党的二十大是在全党全国各族人民迈上全面建设社会主义现代化国家新征程、向第二个百年奋斗目标进军的关键时刻召开的一次十分重要的大会，是一次高举旗帜、凝聚力量、团结奋进的大会，为新时代新征程党和国家事业发展、实现第二个百年奋斗目标指明了前进方向、确立了行动指南。必须深刻领会大会精神实质、把握核心要义、明确奋斗目标，在全面学习、全面把握、全面落实上下功夫，团结动员亿万职工在新征程上踔厉奋发、勇毅前行，为实现第二个百年奋斗目标贡献智慧和力量。

深刻领悟“两个确立”的决定性意义，把“两个维护”落实到工会工作各方面全过程

党的二十大在政治上、理论上、实践上取得了一系列重大成果。习近平同志在党的二十届一中全会上继续当选中共中央总书记，充分反映了全党全军全国各族人民的共同心愿和习近平总书记的崇高威望，充分展示了全党全国上下在以习近平同志为核心的党中央团结带领下战胜前进道路上一切风险挑战、开创美好未来的坚定信心和决心，是全党上下拥护“两个确立”、做到“两个维护”的生动实践和真实体现。

党的十八大以来，党和国家面临的形势之复杂、斗争之严峻、改革发展稳定任务之艰巨世所罕见、史所罕见，习近平总书记以高超的政治智慧、强烈的历史担当、卓越的领导能力和“我将无我，不负人民”的崇高境界，带领全党全军全国各族人民攻坚克难、砥砺前行，推动党和国家事业取得历史性成就、发生历史性变革。实践充分证明，新时代十年的伟大变革，根本在于有习近平总书记作为党中央的核心、全党的核心领航掌舵，在于习近平新时代中国特色社会主义思想的科学指引。“两个确立”是党在新时代取得的重大政治成果，是推动党和国家事业取得历史性成就、发生历史性变革的决定性因素。

习近平总书记高度重视工人阶级和工会工作，对工会坚持党的领导提出明确要求，强调工会工作做得好不好、有没有取得明显成效，关键看有没有坚持正确政治方向；坚持正确政治方向，一言以蔽之，就是要坚持中国共产党领导和社会主义制度；只有坚持党的领导，工会工作才能方向明确、不走偏路，才能做得有声有色、扎实有效；在坚持党的领导这个根本问题上，工会必须旗帜鲜明、立场坚定。回顾百年来党领导的现代工人运动史，我国工会坚定不移在党的领导下开展工作，与历史同步伐、与时代共命运，为党和国家事业发展作出了重要贡献。

党的十八大以来，全总和各级工会始终把坚持党的领导作为工会工作的最高政治原则和根本保证，把深入学习贯彻习近平新时代中国特色社会主义思想作为首要政治任务，健全学习新时代党的创新理论的制度性安排，准确把握其基本观点、核心要义、科学体系、根本要求；完善党组（党委）会议“第一议题”制度，第一时间传达学习、第一时间狠抓落实习近平总书记重要指示批示、党中央重大决策部署；完善向党中央请示报告重大事项制度，探索与省级党委协调推进工会工作的机制，完善全总定期听取省级工会工作报告和意见建议制度；以党的政治建设为统领加强党的各项建设，全面推进工会系统从严治党，营造风清气正的良好政治生态。党的十八大以来工会工作取得重要进展和新成效，根本在于始终坚持党对工会的领导，在于始终坚持以习近平新时代中国特色社会主义思想为指导。

当前，世界百年未有之大变局加速演进，新一轮科技革命和产业变革深入发展，国际力量对比深刻调整，我国发展进入战略机遇和风险挑战并存、不确定难预料因素增多的时期。面对严峻复杂的形势，最重要的就是要始终坚持“两个确立”，坚决做到“两个维护”，这是党在新时代十年伟大变革中积累的宝贵经验，是党和国家的前途命运所系、全国各族人民的根本利益所在，是党团结带领全国各族人民全面建设社会主义现代化国家、夺取新的伟大胜利的根本政治保证。新征程上，各级工会组织和广大工会干部必须深刻领悟“两个确立”的决定性意义，进一步增强“四个意识”、坚定“四个自信”、做到“两个维护”，坚定不移在思想上政治上行动上同以习近平同志为核心的党中央保持高度一致。坚持不懈强化理论武装，深刻把握习近平新时代中国特色社会主义思想的世界观和方法论，坚持运用贯穿其中的立场观点方法，切实用以指导实践、推动工作、破解难题。自觉同习近平总书记重要指示批示精神、重要论述、党中央决策部署要求对标对表，真正把拥护“两个确立”、做到“两个维护”体现在行动上，落实到工作中。面向基层和一线职工，广泛开展多种形式的宣传宣讲，推动“两个确立”更加深入人心、“两个维护”成为广大工会干部和职工群众的自觉行动。

引领职工听党话、跟党走，汇聚起亿万职工团结奋斗的磅礴力量

党的二十大立足新时代新征程的历史方位，深刻分析我国发展面临的形势和挑战，对全面建成社会主义现代化强国两步走战略安排进行了宏观展望，重点部署了未来5年的战略任务和重大举措，发出了为全面建设社会主义现代化国家、全面推进中华民族伟大复兴而团结奋斗的伟大号召。

习近平总书记强调，党和人民取得的一切成就都是团结奋斗的结果，团结奋斗是中国共产党和中国人民最显著的精神标识。团结才能胜利，奋斗才会成功。新时代十年，我们以奋发有为的精神把新时代中国特色社会主义推向前进，创造了一个个令人刮目相看的人间奇迹，靠的就是全党全国各族人民万众一心、勇往直前、团结奋斗。汇聚起亿万人民团结奋斗的磅礴伟力，离不开扎实有效的思想政治引领。通过卓有成效的思想政治引领，把亿万职工思想统一起来、共识凝聚起来、力量激发出来，工会重任在肩、使命在肩。

党的十八大以来，全总和各级工会认真履行引导职工群众听党话、跟党走的政治责任，把学习贯彻习近平新时代中国特色社会主义思想作为加强思想政治引领的第一位任务，通过理论宣讲、劳模宣讲、演讲比赛、知识竞赛等方式，把“大学习”的课堂搬到工厂车间、生产一线，推动习近平新时代中国特色社会主义思想进企业、进车间、进班组。加强对习近平总书记关于工人阶级和工会工作的重要论述的学习贯彻和研究阐释，推动重要论述在工会系统和广大职工中落地生根。深入开展“永远跟党走、奋进新征程”、“喜迎二十大、建功新时代”等系列宣传教育活动，培育和践行社会主义核心价值观，“中国梦·劳动美”的价值引领深入基层、扎根职工。大力弘扬劳模精神、劳动精神、工匠精神，组织劳模、工匠人才进校园、进企业，发布全国“最美职工”、“大国工匠年度人物”，努力营造劳动光荣的社会风尚和精益求精的敬业风气。加强重点领域重点群体职工思想政治工作，创新工作方式方法，强化网上思想引领，推动思想政治工作传统优势与信息技术深度融合，加强对职工的人文关怀和心理疏导，建设健康文明、昂扬向上、全员参与的职工文化。

全面建设社会主义现代化国家，是一项伟大而艰巨的事业，前途光明，任重道远，更加需要坚定信念、鼓舞斗志，更加需要同心同德、团结奋斗。新征程上，工会必须牢记“三个务必”，牢牢把握团结奋斗的时代要求，把巩固团结奋斗的共同思想基础作为思想政治引领的重要内容，不断创新职工思想政治工作，引导广大职工坚定中国特色社会主义道路自信、理论自信、制度自信、文化自信，不断增强对中国共产党领导和中国特色社会主义制度的政治认同、思想认同、情感认同，自觉把人生理想、家庭幸福融入国家富强、民族复兴的伟业之中，更加紧密地团结在以习近平同志为核心的党中央周围，坚定不移听党话、矢志不渝跟党走，为实现党的二十大确定的目标任务团结奋斗。

贯彻党的全心全意依靠工人阶级方针，组织动员亿万职工在新征程上建功立业

党的二十大报告指出，从现在起，中国共产党的中心任务就是团结带领全国各族人民全面建成社会主义现代化强国、实现第二个百年奋斗目标，以中国式现代化全面推进中华民族伟大复兴。这是站在历史和时代的高度，全面把握党和国家事业发展新要求、人民群众新期待，向全党全国各族人民发出的动员令。

习近平总书记强调，工人阶级是我国的领导阶级，是我国先进生产力和生产关系的代表，是我们党最坚实最可靠的阶级基础。我国工会是中国共产党领导的工人阶级群众组织，团结动员广大职工群众为实现党在不同历史时期确立的纲领、目标和中心任务而努力奋斗是工会的重要使命。新民主主义革命时期，工会按照党确立的符合当时形势的工运策略和活动方式，提高工人阶级的政治觉悟，动员工人群众开展各种形式的斗争，团结动员广大职工为实现民族独立、人民解放而奋斗；社会主义革命和建设时期，工会动员带领广大工人坚决响应党的号召，焕发国家主人翁精神，为建立和巩固人民当家作主的新政权、建立独立的比较完整的工业体系和国民经济体系而奋斗；改革开放和社会主义现代化建设新时期，工会坚持围绕中心、服务大局，团结动员广大职工为坚持和发展中国特色社会主义而奋斗。

党的十八大以来，全总和各级工会围绕国家重大战略、重大工程、重大项目、重点产业，组织职工广泛深入持久开展多种形式的主题劳动和技能竞赛，开展“小发明、小创造、小革新、小设计、小建议”等群众性创新活动；加强劳模、工匠和职工学习阵地建设，示范带动创建各级各类创新工作室8万多家；成功举办首届大国工匠创新交流大会，习近平总书记向大会致贺信；推荐多名一线工人获得国家科技进步奖，职工创新创造活力显著提升。扎实推进产业工人队伍建设改革，成立推进产业工人队伍建设改革工作领导小组，产业工人思想引领、建功立业、素质提升、地位提高、队伍壮大等改革措施有效落实，改革取得重要阶段性成效，产业工人在推进高质量发展中的主力军作用更加突出。

党的二十大擘画了以中国式现代化推进中华民族伟大复兴的宏伟蓝图，把宏伟蓝图变成美好现实，根本上要靠包括工人阶级在内的全体人民的劳动、创造、奉献。新征程上，工会必须牢牢把握为实现中华民族伟大复兴的中国梦而奋斗的我国工人运动时代主题，充分发挥工人阶级主力军作用，团结动员亿万职工为推进中国式现代化建功立业。围绕建设教育强国、科技强国、人才强国，深化产业工人队伍建设改革，抓好抓实职工素质提升工作，加快构建产业工人技能形成体系，推动健全落实高技能人才培养、使用、评价、激励、保障机制，畅通技能人才流动渠道，努力建设一支宏大的知识型、技能型、创新型产业工人大军，为推进中国式现代化提供坚实人才和技能支撑。

坚持以人民为中心的发展思想，扎实做好工会维权服务工作

党的二十大报告通篇贯穿人民至上的根本立场和以人民为中心的发展思想，强调“江山就是人民，人民就是江山”，强调“为民造福是立党为公、执政为民的本质要求”，对“增进民生福祉，提高人民生活品质”作出安排部署，充分体现了以习近平同志为核心的党中央矢志不渝、坚守初心的政治本色和深厚为民情怀，体现了我国社会主义制度的本质和优越性，顺应了历史发展大势和人民群众期盼。

习近平总书记指出，我们党的根本宗旨就是为人民群众办好事，为人民群众幸福生活拼搏、奉献、服务；要想人民之所想，行人民之所嘱，不断把人民对美好生活的向往变为现实；工会要认真履行维护职工合法权益、竭诚服务职工群众的基本职责，把服务职工、维护职工合法权益的大旗牢牢掌握在手中，哪里的职工合法权益受到侵害，哪里的工会就要站出来说话。扎实做好维权服务工作，是工会落实以人民为中心的发展思想、践行全心全意为人民服务根本宗旨的必然要求。

党的十八大以来，全总和各级工会认真履行基本职责，推动修改《中华人民共和国工会法》、《中国工会章程》，将工会基本职责拓展为“维护职工合法权益、竭诚服务职工群众”。助力落实“六稳”、“六保”任务，深入细致做好职工就业创业服务，推动就业优先战略和积极就业政策落实落地。以货车司机、网约车司机、快递员、外卖配送员等为重点，出台推进新就业形态劳动者建会入会和权益保障工作的指导性文件，大力推行“重点建、行业建、兜底建”模式，推进互联网百强企业建会，2021年度全国互联网百强企业全部实现建会突破，工会组织覆盖和工作覆盖取得阶段性进展，推动解决了一批新就业形态劳动者的急难愁盼问题。做优做强送温暖、金秋助学、阳光就业、职工医疗互助、工会法律援助等工作，开展提升职工生活品质试点，将20家工会帮扶中心和50家企业（工业园区）纳入全总试点单位，各省（区、市）和新疆生产建设兵团总工会开展省级试点。加强服务职工阵地建设，建设“劳动者港湾”、“爱心驿站”等工会户外劳动者服务站点10.58万个，累计投入资金18.66亿元。将城市困难职工解困脱困作为重点工作，主动融入党政工作大盘子，通过建档立卡、精准施策、强化评估、压实责任等具体举措，推动549.87万户困难职工家庭全部如期实现解困脱困。贯彻落实党中央国务院《关于构建和谐劳动关系的意见》，推动健全党政主导的维权服务机制，努力把劳动关系矛盾化解在基层、化解在萌芽状态。贯彻总体国家安全观，坚决维护劳动领域政治安全，加强相关工作体系建设，健全劳动关系风险监测、分析、研判、预防机制和职工队伍稳定风险排查化解机制，促进职工队伍团结统一与社会和谐稳定。

党的二十大对保障和改善民生、扎实推进共同富裕作出重要部署，为工会围绕中心、服务大局，履行好维权服务基本职责提供了重要契机。新征程上，工会必须始终坚持以职工为中心的工作导向，不断深化自身改革和建设，保持和增强政治性、先进性、群众性，有效发挥党联系职工群众的桥梁纽带作用。积极参与涉及职工切身利益的法律法规政策的制定修改，推动健全劳动法律法规体系。推动落实就业优先政策，推动健全就业促进机制，加强困难群体就业兜底帮扶，推动完善工资平等协商机制、正常增长机制、支付保障机制，健全向一线职工倾斜的分配制度，推动提高劳动报酬在初次分配中的比重，在促进共同富裕中更好发挥工会作用。积极推动完善以职工代表大会为基本形式的企事业单位民主管理制度，依法保障职工知情权、参与权、表达权、监督权，在发展全过程人民民主中保障职工民主政治权利。加快构建以普惠性服务和精准帮扶为重点的工会服务职工体系，着力提升质量和实效。巩固拓展城市困难职工解困脱困成果，推动解困脱困与提升职工生活品质有效衔接，健全困难职工家庭常态化帮扶机制，不断提高职工群众的获得感、幸福感、安全感。增强忧患意识、坚持底线思维，发扬斗争精神、增强斗争本领，密切关注降薪裁员、欠薪欠保、劳资纠纷、生活困难等可能引发的突出风险，积极推进“法院+工会+人社+司法”四方联动机制建设，推动构建和谐劳动关系，在维护企业和社会大局和谐稳定中更好发挥工会组织作用。

党的二十大吹响了新时代新征程奋勇前进的号角。我们要进一步增强学习领会贯彻落实党的二十大精神的自觉性和坚定性，找准工会贯彻落实党的二十大精神的切入点、结合点、着力点，切实把党中央提出的战略部署转化为工会的实际行动，充分展示工会在推进中国特色社会主义事业中的新担当新作为。

（本文系全国人大常委会副委员长、中华全国总工会主席王东明同志在2022年12月16日《求是》杂志发表的署名文章）

目录
CONTENTS

第一章　马克思主义关于工人阶级和工会的理论

马克思主义关于工人阶级和工会的理论作为科学理论，是马克思主义在长期领导无产阶级革命的伟大实践中，创立、发展和不断完善的，是马克思主义理论的重要组成部分，也是指导工人运动和工会工作的强大思想武器。随着时代的发展与进步，马克思主义的工人阶级和工会理论体系也在长期的革命斗争和建设实践中，不断得到丰富、完善和发展，成为我们党关于工人阶级和工会思想的理论来源。当前，在以习近平同志为核心的党中央坚强领导下，全党全国各族人民迈上全面建设社会主义现代化国家新征程。在实现中华民族伟大复兴的中国梦的伟大实践中，马克思主义有关工人阶级和工会的理论对于继续发展我国工人阶级先进性、发挥工人阶级主力军作用、不断开创工会工作新局面具有重大的理论指导意义。

第一节　工人阶级和工会理论是马克思主义科学理论体系的重要组成部分

马克思主义是在无产阶级革命斗争实践中应运而生的。马克思主义一经诞生，便成为指导无产阶级运动和革命斗争实践的强大思想武器，成为工人运动的行动指南。马克思主义作为科学理论体系，内容极为丰富，有关工人阶级和工会的基本理论是其重要组成部分。

一、工人阶级运动为马克思主义的形成奠定了阶级基础和实践基础

马克思主义是马克思、恩格斯在科学总结无产阶级革命斗争实践经验，批判地继承人类关于自然科学、社会科学和思维科学优秀成果基础上，于19世纪40年代创立的科学理论体系。马克思主义形成的主要标志是1848年2月出版的科学社会主义最伟大的纲领性文献，被列宁誉为“新世界观”的《共产党宣言》，其主要理论来源是德国古典哲学、英国古典政治经济学和英法空想社会主义。这一科学体系是无产阶级革命运动的实践产物，并在长期的革命斗争和建设实践中不断地丰富、发展和完善，是无产阶级及其政党的世界观和方法论，是关于全世界无产阶级和全人类彻底解放的学说。

马克思主义关于工人阶级和工会的理论主要包括：关于工人阶级历史地位、历史使命和历史作用的理论；关于工人阶级的阶级联合和工人运动的理论；关于工会运动的目的和基本任务的理论；关于工会经济斗争的理论；关于工会在工人阶级解放事业中的地位和历史作用的理论；关于工会运动的状况直接影响社会力量对比的理论；关于工会运动实现国际联合的理论；等等。

二、列宁主义丰富和发展了马克思主义工人阶级和工会理论

列宁主义诞生于帝国主义和无产阶级革命的时代，因此，列宁主义被称为“帝国主义和无产阶级革命时代的马克思主义”。当资本主义由自由竞争发展到垄断时期，进入帝国主义阶段，列宁在新的社会历史条件下，把马克思主义的基本原理运用于俄国革命和建设的具体实践，在全面继承马克思主义基础

上，结合俄国革命实际，创造性地发展了马克思主义。列宁提出了社会主义可能首先在一国或数国获得胜利的理论，进而创建新型工人阶级政党的学说，发展了无产阶级专政学说。1917年，列宁领导俄国人民取得了十月革命的伟大胜利，建立了世界上第一个社会主义国家，使社会主义从理论变为现实。

在长期的革命斗争实践中，列宁继承并丰富发展了马克思和恩格斯关于工人阶级和工会的理论，其主要内容包括：工人阶级历史作用的理论；工人阶级进行政治斗争和经济斗争及其相互关系的理论；工会在资产阶级民主革命中的地位和作用的理论；工会在建立社会主义新制度中的地位和作用的理论；工会与工人阶级政党和国家相互关系的理论；关于“工会国家化”的理论；工会是共产主义学校的理论；工会工作适应社会主义建设形势发展变化的理论；工会维护职能的理论；等等。

第二节　马克思主义关于劳动的理论

劳动作为人的本质力量的体现，是人类社会赖以生存和发展的最基本也是最重要的社会实践形式，在马克思主义整个思想理论体系中居于基础和核心地位，是建构马克思主义理论大厦的基石。马克思的两个划时代的伟大发现，即“唯物史观”与“剩余价值理论”都是建立在劳动学说基础之上的。在资本主义发展的不同历史时期，马克思主义经典作家通过对工人阶级在资本主义雇佣劳动制度下被剥削被压迫命运的深刻揭示，批判了资本主义社会制度；通过对工人剩余劳动创造剩余价值的深刻揭示，找到了资本主义剥削工人的全部秘密，进而揭示了资本主义发展规律，得出资本主义必然灭亡、社会主义必然胜利的科学结论。列宁全面继承了马克思主义劳动理论，着重探讨了十月革命胜利后，在巩固新生的苏维埃政权和社会主义建设时期所出现的一系列重大劳动理论和实践问题，进一步丰富和发展了马克思主义的劳动理论。

一、马克思、恩格斯对马克思主义劳动理论体系的建构和重大贡献

（一）劳动对于人和人类社会历史发展的重大意义

劳动作为人的本质规定，是人的本质的对象化活动。关于劳动范畴，马克思在《资本论》中围绕劳动的物质规定性和社会规定性，给出了科学定义："劳动首先是人和自然之间的过程，是人以自身的活动来引起、调整和控制人和自然之间的物质变换的过程。"马克思认为，社会发展是一个自然历史过程，物质资料的生产是人类社会存在和发展的前提和基础，劳动则是整个社会生活的第一个基本条件。为此，马克思阐释了一个最基本的观点："任何一个民族，如果停止了劳动，不用说一年，就是几个星期，也要灭亡，这是每一个小孩都知道的。"恩格斯在其著名的《劳动在从猿到人的转变中的作用》一文中，从人类起源、劳动本质的科学角度，深刻揭示了劳动的重大意义，指出："政治经济学家说：劳动是一切财富的源泉。其实，劳动和自然界在一起它才是一切财富的源泉，自然界为劳动提供材料，劳动把材料转变为财富。但是劳动的作用还远不止于此。它是一切人类生活的第一个基本条件，而且达到这样的程度，以致我们在某种意义上不得不说劳动创造了人本身。"同时，马克思注意到劳动实践对于人的成长和发展具有决定性作用。马克思指出："人的实现是一个通过自己的劳动而自我诞生、自我创造和自我发展的历史过程，因而，历史实质上就是人的本质力量发展的历史。"人类发展历史就是一部劳动发展的历史。马克思在《资本论》中分别考察了原始社会、奴隶社会、

封建社会和资本主义社会等各个不同历史形态的不同劳动及其特点，指出："每个一定的历史形式，都会进一步发展这个过程的物质基础和社会形式。这个一定的历史形式达到一定的成熟阶段就会被抛弃，并让位给较高级的形式。"

（二）对资本主义雇佣制度下"异化劳动"及其根源的深刻揭露和批判

在考察资本主义历史发展和现实表现中，马克思把批判的锋芒直接指向资本主义制度下的异化劳动。在《1844年经济学哲学手稿》中，马克思在批判和改造黑格尔、费尔巴哈的异化理论基础上，创造性地提出了著名的异化劳动理论。马克思认为，劳动即人的自由自觉的活动，是人的类本质，但在私有制条件下劳动却发生了异化，所以劳动异化即人的本质异化。他指出："国民经济学以不考察工人（即劳动）同产品的直接关系来掩盖劳动的本质的异化。当然，劳动为富人生产了奇迹般的东西，但为工人生产了赤贫。劳动创造了宫殿，但是给工人创造了贫民窟。劳动创造了美，但是使工人变成畸形。劳动用机器代替了手工劳动，但是使一部分工人回到野蛮的劳动，并使另一部分工人变成机器。劳动生产了智慧，但是给工人生产了愚钝和痴呆。"马克思在这里运用强烈对比的批判方式，深刻揭露了资本主义条件下异化劳动对工人的摧残，并对异化劳动的基本表现形式进行了深刻揭示。马克思认为，异化劳动作为一个过程，有四个方面的具体表现形式。一是劳动产品与劳动者的异化；二是劳动过程与劳动者的异化；三是人与人之间关系的异化；四是人与自己的类本质关系的异化。异化劳动理论是马克思主义科学世界观的发源地，其重大理论意义在于，马克思创造性地把异化劳动和私有财产联系在一起，深刻揭示了资本主义条件下的雇佣劳动制度是异化劳动产生的根源，其批判锋芒直接指向资本主义制度本身，并得出革命性结论，即消灭产生异化劳动的资本主义制度。同时，马克思也阐述了对共产主义的基本认识，认为共产主义是私有财产即人的自我异化的积极扬弃，因而是通过人并且为了人而对人的本质的真正占有。

（三）劳动范畴在马克思"两个伟大发现"中的重要地位

马克思的"两个伟大发现"——唯物史观和剩余价值理论，都是以劳动实践作为核心范畴建构的。马克思认为，只有从劳动发展史中才能找到理解全部社会史的锁钥。正是从人们的物质资料生产的劳动实践出发，马克思创立了历史唯物主义和剩余价值理论。

首先，马克思在考察人类社会历史发展过程中，在探究社会发展背后的真实动因时，批判了唯心史观将这种动因归结为思想和精神力量的错误，创立了唯物史观。具体而言，马克思批判了黑格尔将现实的人归结为"绝对精神"，同时也批判了费尔巴哈将现实的人规定为脱离社会和实践的抽象的人。他以现实为基点，将现实的人的生产劳动作为社会历史存在和发展的现实基础，从现实的人的物质生活条件、客观需求和生产活动实践出发，揭示了人们的一切思想动机背后的、更加深刻的物质根源，并得出人们所从事的物质资料生产，是社会发展的根本原因的科学结论，从而创立了唯物史观，实现了人类思想史上历史观的伟大变革。恩格斯在创立唯物史观过程中，同样经历了对唯心史观的批判，他最先作出社会历史就是"人类自身活动的历史"的重要论断，指出："历史不过是追求着自己目的的人的活动而已。"恩格斯晚年对马克思主义"两种生产"理论作了全面科学的阐释，进一步丰富了唯物史观的理论。他指出："一定历史时代和一定地区的人们生活于其下的社会制度，受着两种生产的制约：一方面受劳动的发展阶段的制约，另一方面受家庭的发展阶段的制约。劳动越不发展，劳动产品的数量，从而社会的财富越受限制，社会制度就越在较大程度上受血族关系的支配。”他的论述，科学地揭示了劳动发展水平是如何制约和影响社会经济关系和血族关系的。

其次，剩余价值论是马克思另一个伟大发现。劳动价值论和剩余价值论是马克思主义政治经济学最根本的观点，为深刻认识资本主义经济发展规律提供了重要的方法论原则。在马克思创立唯物史观的理论著述过程中，他集中全部精力投入对政治经济学理论的研究，在深刻批判资产阶级政治经济学基础上，直接吸取英国古典经济学的积极成果，通过剖析资本主义生产方式，揭露了资本主义不可克服的内在矛盾，即贯穿于资本主义发展始终的生产社会化同资本主义私人占有之间的矛盾，进一步揭示了资本主义必然灭亡的发展趋势，创立了马克思主义政治经济学，从而为科学社会主义问世奠定了坚实的理论基础。具体而言，马克思通过揭露工人在雇佣劳动制度下的种种命运，深化了对资本主义制度的批判。在《资本论》中，马克思以构成资本主义社会的细胞——商品作为切入点，并以此作为逻辑起点，深刻揭示了劳动的两重性，科学地提出劳动力是商品的观点；通过对剩余价值的深刻剖析，揭露了资本主义生产是以生产和占有剩余价值为目的，即资本家用绝对或相对延长工人剩余劳动时间，提高劳动强度等方法，最大限度地无偿占有工人创造的剩余价值，这是资本家剥削工人的全部秘密。《资本论》由资本的生产过程理论、流通过程理论和社会生产总过程理论等三大部分构成，深刻揭示了无产阶级和资产阶级两大阶级对抗的经济根源，以及资本主义不可克服的内在矛盾及其必然灭亡的历史发展趋势。

二、列宁主义关于劳动的理论

19 世纪末 20 世纪初，资本主义经历了自由竞争阶段，开始进入垄断时期即帝国主义阶段。在新的社会历史条件下，列宁坚持以马克思主义基本原理指导俄国革命的具体实践，结合资本主义发展到帝国主义阶段出现的新变化、新特征，以及由第一次世界大战所引起的世界各国革命形势高涨的新情况，创造性地提出社会主义革命可以在经济落后的资本主义国家率先通过革命的形式获得成功，即"一国胜利论"，继承和发展了马克思主义。在革命斗争实践中，列宁亲自领导俄国无产阶级推翻资产阶级临时政府，取得了十月革命的伟大胜利，建立了人类历史上第一个无产阶级专政的社会主义国家，这是马克思主义关于无产阶级革命理论的伟大成功实践，从而使社会主义从理论变为现实。十月革命的胜利开创了人类历史的新纪元，为世界各国无产阶级革命、殖民地和半殖民地的民族解放运动开辟了胜利前进的道路。

在这一过程中，列宁在其《帝国主义是资本主义的最高阶段》著作中，全面分析了资本主义自马克思《资本论》问世以来半个世纪的发展状况，作出了资本主义已经发展到帝国主义阶段、帝国主义是资本主义的最高阶段、帝国主义是无产阶级革命的前夜等重大科学论断，把马克思主义全面推进到新的历史发展阶段。

十月革命取得胜利后，在向社会主义过渡时期，列宁探索了工人阶级在巩固苏维埃政权和推动社会主义建设中的重要地位和作用，并将社会主义建设时期同工人阶级密切相关的劳动的现实问题作为关注重点，进行科学的理论建构。主要包括以下几个方面。

（一）关于农奴制劳动、资本主义雇佣劳动与社会主义劳动的本质区别

俄国十月社会主义革命的成功，以及社会主义制度的确立，消灭了剥削和雇佣劳动制度，工人阶级的地位和命运发生根本

性的改变，由此决定了社会主义制度下的工人劳动同封建主义和资本主义条件下的劳动具有本质区别。

列宁指出，俄国的“农奴制和资本主义都是对劳动的剥削，在这个意义上，两种制度都是‘绞索和盘剥’”。对于社会主义制度下的劳动者劳动的特点，列宁指出：“他们千百年来都是为别人劳动，被迫为剥削者做工，现在第一次有可能为自己工作，而且可以利用技术和文化的一切最新成就来工作了。用为自己劳动取代被迫劳动，是人类历史上最伟大的更替。”被迫为别人劳动与为自己而劳动，这就是剥削制度下的被迫劳动、雇佣劳动同社会主义制度下的自主劳动之间的本质区别。

（二）关于加强工农联盟，巩固新生的苏维埃政权思想

在动员和吸收劳动者管理的社会主义实践中，列宁全面分析了俄国的具体国情，并且认为，俄国无产阶级仅占极少数，大多数是农民，处于小农经济状况。列宁据此得出结论：“靠小农经济是摆脱不了贫困的。”因此，必须加强对农民的思想教育和文化教育，从精神上影响农民，将“最落后最散漫的农村无产者和半无产者群众同先进工人更紧密地联合起来，使他们摆脱农村富农和农村资产阶级的影响，组织和教育他们进行共产主义建设”。这一重要论断的重大意义在于，用工人阶级的先进性影响农民阶级，不断提高其思想觉悟，通过加强工农联盟，为巩固新生的苏维埃政权奠定坚实基础。

（三）关于有效保障劳动者劳动权益的思想

列宁领导的十月社会主义革命取得胜利后，面临诸多困难和挑战。为巩固新生的苏维埃政权，亟待解决现实的劳动问题，尤其是劳动就业问题，这对于发展经济具有基础性作用。针对当时社会存在的劳动者大量失业情况，列宁有针对性地提出要设立劳动介绍所，以合理安排失业者的就业问题。

列宁在领导社会主义建设过程中，非常重视劳动者所享有的劳动权益及其保障问题，主要包括社会主义制度下，全体人民享有自由选择职业的权利、妇女享有男女平等的就业权利、妇女享有特殊利益保护的权利、禁止雇佣童工等。在劳动时间上，严格实行八小时工作制。在切实保障劳动者的劳动报酬权利方面，严格禁止出现欠薪问题，等等。

（四）关于提高劳动者劳动生产率的思想

俄国十月社会主义革命胜利之后，新生苏维埃政权所面临的最重要的任务，就是迅速发展社会生产力，提高劳动生产率，为巩固新生的苏维埃政权奠定物质基础。因此，列宁明确提出迅速提高劳动生产率的思想。1918 年 4 月，他在《苏维埃政权的当前任务》一文中明确指出："在任何社会主义革命中，当无产阶级夺取政权的任务解决以后，随着剥夺剥夺者及镇压他们反抗的任务大体上和基本上解决，必然要把创造高于资本主义社会的社会经济制度的根本任务，提到首要地位，这个根本任务就是提高劳动生产率。"在其后的《俄共（布）党纲草案》中，列宁又进一步阐述了这个思想，指出："提高劳动生产率是一个根本的任务，因为不这样就不可能最终地过渡到共产主义。"列宁还提出一系列具体对策，诸如要提高劳动者的纪律、工作技能、效率、劳动强度，要改善劳动组织，同时要善于吸收资本主义一切的最有价值的科学成就，不断提高劳动生产率，等等。

（五）关于对"共产主义星期六义务劳动"的高度评价

1919 年，新生的苏维埃政权面临反对外国武装干涉、巩固无产阶级政权的严峻挑战。后方的工人们响应苏共的号召，加紧工作，支援前线斗争。在这种形势下，莫斯科—喀山铁路分局的工人发起了"共产主义星期六义务劳动"，并于 1920 年 5

月 1 日，在全国迅速开展起来。列宁高度赞扬了共产主义星期六义务劳动，称之为“伟大的创举”。共产主义星期六义务劳动，不仅提高了生产效率，有力支援了前线的斗争，而且对于巩固新生的无产阶级政权，发挥了重要作用，并成为社会主义劳动竞赛的开端。列宁在《从破坏历来的旧制度到创造新制度》中对此给予高度评价：“共产主义劳动，从比较狭窄和比较严格的意义上说，是一种为社会进行的无报酬的劳动，这种劳动不是为了履行一定的义务、不是为了享有取得某种产品的权利、不是按照事先规定的法定定额进行的劳动，而是自愿的劳动，是无定额的劳动，是不指望报酬、没有报酬条件的劳动，是为公共利益劳动的习惯。根据必须为公共利益劳动的自觉要求（这已成为习惯）来进行的劳动，这种劳动是健康的身体的自然需要。”列宁肯定并高度赞扬了共产主义星期六义务劳动中工人阶级所体现的集体主义精神、义务奉献精神、首创精神，以及工人阶级的先进性和历史主动精神。

第三节　马克思主义关于工人阶级的理论

马克思、恩格斯通过大量的理论研究和社会实践，创造性地提出并论证了工人阶级即现代无产阶级的历史作用与历史使命的理论，以及工人阶级的阶级联合与组织自己独立运动的理论，为当时蓬勃发展的工人运动指明了前进方向。列宁继承和发展了马克思、恩格斯关于工人阶级的理论，并把这一理论与俄国工人运动实际相结合，极大地促进了俄国工人运动快速发展，推动无产阶级革命首先在俄国取得成功。

一、无产阶级伟大历史使命的理论

马克思和恩格斯青年时期所处的时代是欧洲工人运动蓬勃

发展的历史阶段。19 世纪 30 至 40 年代，西欧先后爆发了法国里昂工人起义、英国宪章运动和德国西里西亚纺织工人起义。工人运动给予资产阶级统治以沉重打击，充分显示出工人阶级的伟大力量。工人运动发展引起整个社会的普遍关注，工人问题成为社会热门课题。马克思和恩格斯同许多思想家、学者一样，对工人阶级和工人运动倾注了极大热情和精力，进行了深入的研究和探讨。

在波澜壮阔的工人运动实践中，马克思和恩格斯看到了这一不断发展着的、具有光明前景的伟大阶级，并认定这个阶级担负着实现人类解放的历史重任。1845 年，恩格斯根据亲身实践和考察，发表了《英国工人阶级状况》研究报告，认为工人阶级的状况是当代一切社会运动的真正基础和出发点，也是资本主义社会灾难的“最尖锐、最露骨的表现”。他深刻指出：“产业革命创造了一个大工业资本家的阶级，但是也创造了一个人数远远超过前者的产业工人阶级。”产业革命“把居民的一切差别化为工人和资本家的对立”。处于雇佣制度下的工人似乎可以任意同资本家签订劳动合同，让渡自己的劳动力以换取一定的工资，表面看是自由的。实际上，“工人，仅仅被看作一种资本，他把自己交给厂主去使用，厂主以工资的名义付给他利息”。这是一种新型的奴隶制，和旧奴隶制相比，差别仅仅在于“现代的工人似乎是自由的，因为他不是一次就永远卖掉，而是一部分一部分地按日、按星期、按年卖掉的，因为不是一个主人把他卖给另一个主人，而是他自己不得不这样出卖自己，因为他不是某一个人的奴隶，而是整个有产阶级的奴隶”。因此，工人阶级与资产阶级的经济利益从根本上说是对立的，“工人对资产阶级的反抗在工业发展开始后不久就已经表现出来，并经过了各种不同的阶段”。

恩格斯在《英国工人阶级状况》一书中，第一次说明了工人阶级不只是一个受苦的阶级，而且由于他们所处的经济地位，必定能够自己解放自己。工人阶级在与资产阶级的斗争实践中能够认识到，工人苦难的最终原因在于雇佣劳动制度，所以工人为提高工资而进行的经济斗争是必要的，但这并不能从根本上改变工人阶级的地位。相反，单纯的经济斗争只能使工人运动陷入一种恶性循环：在雇佣劳动制度下，无论工人争得什么利益，都会因经济危机的到来而丧失，而危机过后这种斗争又得重新开始。工人阶级要想获得彻底解放，就必须以废除雇佣劳动制度为目标。因此，工人和资本家的对立愈尖锐，工人中的无产阶级意识也愈发展，愈明朗化，这是工人阶级整体阶级意识的觉醒。

马克思和恩格斯在1845—1846年合著了《德意志意识形态》一书，全面阐述了马克思主义世界观，特别是唯物史观，并以此为基点，全面诠释了无产阶级这个与现代工业紧密联系的新兴阶级的历史使命，最终完成了对无产阶级历史使命理论的科学论证。这一理论包括四点：（1）无产阶级是资本主义大工业的产物。由于它必须承担社会的一切重负，又被排斥在社会之外，因而“必须与其余一切阶级发生最激烈的对立；这个阶级是社会成员中的大多数，从这个阶级中产生出必须实行根本革命的意识，即共产主义意识”。（2）任何统治阶级总是要利用“社会权力”来维持其“财产状况”，这种社会权力又都在相应的国家形式中获得认可，因此，“一切革命斗争的锋芒都是指向在此以前实行统治的阶级的”。（3）过去的一切革命“始终没有触动活动的性质”，即始终不过是在私有制基础上的革命，也就是以一种剥削方式代替另一种剥削方式，而共产主义革命则“反对活动的旧有性质，消灭劳动”，即消灭私有制，消灭雇佣劳动和旧的分工，“并消灭任何阶级的统治以及这些阶级本身”。（4）共产主义革命之所以必需，不仅是因为没有任何其他的办法能推翻统治阶级，而且还因为无产阶级“只有在革命中才能抛掉自己身上的一切陈旧的肮脏的东西，才能建立社会的新基础”。

马克思和恩格斯关于工人阶级历史使命的理论，清晰地描绘出工人阶级发展的光明前景，为工人运动指明了前进方向，并且推动欧洲工人运动不断向前发展，鼓舞和激励着一代又一代的工人阶级联合起来，与资产阶级进行不懈的斗争。

二、工人运动与科学社会主义相结合的思想

马克思和恩格斯在提出和论证无产阶级历史使命理论的过程中，明确指出机器大工业创造的物质条件和精神条件使无产阶级能够作为独立的阶级登上历史舞台，进而提出工人阶级要摆脱各种不正确思潮的影响，自己组织和开展独立运动的思想。

马克思和恩格斯深入研究了资本主义大工业，对资本主义生产方式作了精准而细致的描述：“一切生产部门都像纺纱和织布业一样，一个跟着一个地受到了蒸汽、机器和工厂制度的支配。”“结果，我们现在可以看到，在所有文明国家里，工厂生产几乎已在一切劳动部门中建立起来，手工业和手工工场几乎到处都被大工业排挤掉了。”随着资本主义大工业的发展和小生产者的纷纷破产，“产生了两个渐渐吞并所有其他阶级的新的阶级。这两个阶级就是：一、大资本家阶级，现在他们在所有文明国家里几乎是一切生活资料以及生产这些生活资料所必需的原料和工具（机器、工厂）的占有者。就是资产者或资产阶级。二、完全没有财产的阶级，他们为了换得维持自下而上所必需的生活资料，只得把自己的劳动出卖给资产者，这一阶级叫作无产者阶级或无产阶级”。

在马克思和恩格斯看来，无产阶级成为阶级的过程也是工人意识到自己状况和阶级意识形成的过程。因为，正是资产阶

级与工人阶级之间的经济利益关系是如此简单明了，以致“我们的时代，资产阶级时代，都有一个特点，它使阶级对立简单化了。整个社会日益分裂为两大敌对的阵营，分裂为两大相互直接对立的阶级：资产阶级和无产阶级”。正是这种简单化了的阶级对立关系，使工人阶级得以形成自己的阶级意识。但仅仅有这一点是不够的。马克思和恩格斯认为，虽然资本主义经济制度与无产阶级这种受剥削的地位决定了无产阶级担负着伟大的历史使命，无产阶级要想完成这一使命，还必须由自在的阶级变为自为的阶级。他们认为，工人运动须跨越仅仅以破坏机器和自发斗争为主要内容的时期，向有意识的有组织的经济斗争和政治斗争发展时期过渡。到这一时期，就意味着无产阶级已经理解了资本主义社会的本质，理解了社会阶级的剥削关系，理解了无产阶级的历史任务，这时他们就变成了一个“自为的阶级”。在当时的英法等国家，“无产阶级中有很大一部分人已经意识到自己的历史任务，并且不断地努力使这种意识达到完全明显的地步”。所以，只有在现在“无产阶级才能组织自己的独立运动”。

马克思和恩格斯认为，工人运动发展的趋势，是与科学社会主义相结合，受社会主义理论的指导。只有这样，历史赋予无产阶级的伟大使命才可以实现。他们以欧洲一些国家的工人运动作为研究对象，论证了工人运动与社会主义结合的重要性与迫切性。比如，恩格斯着重考察了英国工人运动，指出：“经过宪章运动的考验并清除了资产阶级成分的、真正的无产阶级社会主义现在已经在许多社会主义者和宪章运动的领袖……那里形成起来。”因此，这种新社会主义将和宪章主义派结合，也就是与工人运动结合。在实现了这一点以后，工人阶级才可能真正成为英国的统治者，并将有力推动社会的发展。

在工人运动斗争实践中，随着各国工人阶级加强了相互之间的联系，出现了国际工人运动。马克思和恩格斯先后领导了共产主义者同盟、第一国际和第二国际前期的工作。马克思在他起草的具有划时代意义的《国际工人协会成立宣言》中，充分肯定了工人争取 10 小时工作制法案和进行合作运动的重大意义，同时认为夺取政权已成为工人阶级的伟大使命，指出工人们已经具备了作为成功因素之一的人数，进而要求各国工人加强联合，号召“全世界无产者，联合起来”。马克思在《国际工人协会共同章程》中指出：“工人阶级在反对有产阶级联合权力的斗争中，只有组织成为与有产阶级建立的一切旧政党对立的独立政党，才能作为一个阶级来行动。”革命的最终目标是消灭阶级，夺取政权已成为无产阶级的伟大使命。

三、列宁对工人阶级理论的发展

列宁遵循马克思主义基本原理，积极投身俄国工人运动斗争实践，依据俄国工人运动正反两个方面的经验，科学地发展了马克思主义关于无产阶级历史作用的理论，以及政治斗争和经济斗争的相互关系的理论。

列宁认为，资本主义在俄国的发展势不可当，日益贫困化的人民大众为资本主义市场的发展提供了必要条件，大量贫民和破产的农民变为出卖劳动力的雇佣工人。资本集中不仅在城市，也表现在农村，“乡村与外界、与城市……的来往日益频繁，莫斯科的某些生活方式逐渐渗入乡村，并首先在较为富裕的家庭里流行起来”。而资本主义的发展，构成了无产阶级发展的前提。

列宁指出，俄国小生产者、农民都是被压迫者和被剥削者，但他们不是劳动群众的代表，因为小生产者在经济上对资产阶级有依赖性，他们的生产分散为成千上万的极小的经济单位，虽然事实上是被剥削者，但“多半还拥有一点点产业，因而被束缚在他们所应当反对的资产阶级体系上。这就使得那些能够推翻资本主义的社会力量的发展受到阻碍”。此外，分散的小生产，使农民、手工业者等劳动群众彼此隔绝，难以联合和统一。因此，这部分劳动群众还不能对剥削制度进行坚定的和卓有成效的斗争，不能成为全体劳动者的先进代表，也不能在革命斗争中起先进代表的作用。

无产阶级作为先进生产力和先进生产关系的代表，具有劳动者先进代表的特点。首先，他们同先进的生产方式相联系。在大机器生产的资本主义企业中，资本主义已割断了他们与土地及一切生产资料的联系，使他们成为一无所有的雇佣工人。这种地位“使他们成为争取工人阶级解放的唯一战士，因为只有资本主义发展的高级阶段，即大机器工业，才能造成进行这场斗争所必需的物质条件和社会力量”。其次，集中的大机器工业也使工业无产阶级便于联合和集中，组成统一的阶级队伍。最后，无产阶级所受剥削是残酷和赤裸裸的，这使工人较其他被剥削阶级更容易认清资本主义的本质，从而进行自觉的斗争。工人阶级所具有的这些优点与特点，促使他们与剥削制度进行坚定的、不屈不挠的斗争。因此，工业无产阶级是俄国被压迫阶级中最先进、最有组织性、最有觉悟的阶级，是“俄国全体被剥削劳动群众唯一的和天然的代表”。由于工业无产阶级具有先进代表的作用，当这个阶级领会了科学社会主义思想，领会了关于俄国工人的历史使命的思想时，当工人们现时的分散的经济斗争变为自觉的阶级斗争和政治斗争时，“俄国工人就能率领一切民主分子去推翻专制制度，循着公开斗争的大道走向胜利的共产主义革命”。

同其他国家的工人运动一样，俄国工人运动也遇到了如何正确处理经济斗争与政治斗争关系的问题。在这个问题上，列宁认为，马克思主义始终主张经济斗争和政治斗争要结合起来。

他指出，马克思早在1866年第一国际成立大会的决议中就“确切地指明了经济斗争的意义，警告社会党人和工人既不要夸大这种斗争的意义，也不要对这种斗争的意义估计不足”。无产阶级所进行的政治斗争，离不开经济斗争，相反，它还必须以经济斗争为基础，经济斗争“是把工人组织到革命政党中去的基础，是团结工人和开展工人的阶级斗争来反对整个资本主义制度的基础”。对于无产阶级来说，政治斗争必须与经济斗争结合起来，这一点既适用于欧洲工人运动，也适用于俄国工人运动。他指出，社会民主党的座右铭，应当是不仅要帮助工人进行经济斗争，而且要帮助工人进行政治斗争。

由此可见，列宁在分析两者之间的关系时，并没有把马克思和恩格斯的思想生搬硬套或者采取简单复制的方式，而是紧密结合俄国工人运动实际，通过认真剖析，得出真理性认识。他在深入分析俄国社会与政治特征之后，十分尖锐地指出，“一切经济斗争都必然要变成政治斗争”，“要想获得……权利，就必须进行政治斗争”。而在俄国的“无产阶级没有政治自由或者政治权利受到限制的时候，始终必须把政治斗争提到首位”。

列宁关于把经济斗争与政治斗争结合起来以及进行政治斗争是俄国工人阶级首要任务的理论，是其工人阶级思想中最基本的原理之一，为俄国工人运动指明了正确方向，推动着俄国工人运动为无产阶级政党领导的夺取政权的斗争进行了充分的准备。当然，把政治斗争放在首位，有其特定的社会条件要求。后来列宁在总结欧美工人运动经验时指出，无产阶级何时偏重经济斗争，何时偏重政治斗争，要以一定的社会历史条件为转移。

第四节　马克思主义关于工会的理论

马克思主义关于工会的理论不仅为当时的工会运动提供了最重要的思想武器，也为后来各个社会主义国家工会理论体系的形成奠定了理论基础，提供了重要的方法论原则。

一、工会的产生与最初的目的

工会是工人阶级反对资产阶级斗争的产物，是工人运动的产物。马克思和恩格斯深入考察了英国及其他欧洲国家工会产生与发展的过程，提出工会产生的最初目的是消除工人之间的竞争和加强工人之间的团结，以及工会的直接任务是保护工人具体经济利益的理论观点。

在资本主义制度下，竞争无处不在，其中包括工人之间的竞争。这种竞争损害了工人的团结，使工人们在与资本家的抗争中处于软弱无力的被动地位。恩格斯认为，竞争最充分地反映了现代资产阶级社会中流行的一切人反对一切人的战争。当社会上充斥着大量的失业工人与无地农民的时候，“每个人都力图挤掉其余的人并占有他们的位置”。而这种源于失业和贫穷的竞争，是“资产阶级对付无产阶级的最有力的武器”。因此，资本主义制度不仅制造了工人阶级和资产阶级的对立，也制造了工人阶级内部的矛盾。然而，工人之间的竞争毕竟是工人阶级根本利益一致基础上的矛盾，可以通过工人之间的联合加以解决，因此消除工人之间的竞争也就成为工人运动的必然要求。于是，为消除工人之间的竞争带来的恶果，工人们便联合起来，组成工会。马克思在《哲学的贫困》中指出：“大工业把大批互不相识的人们聚集在一个地方。竞争使他们的利益分裂。但是维护工资这一对付老板的共同利益，使他们在一个共同的思想（反抗、组织同盟）下联合起来。因此，同盟总是具有双重目的：消灭工人之间竞争，以便同心协力地同资本家竞争。”

如果说工人群众组建工会是为消除他们之间的竞争，便于以团结的力量一致对抗资本的力量，那么工会建立以后，它的直接任务就是保护工人的具体经济利益。恩格斯认为，工会就是“公开宣称要竭力保护各自工人不受资产阶级的横行霸道和冷酷待遇之害”。亦即工会的直接任务是保护工人的具体利益。恩格斯还进一步总结了工会保护工人利益的方法，包括：（1）与资本家进行谈判，规定工资标准；（2）限制工厂招收学徒，从而使工资保持在一定的水平上；（3）反对资本家采用新机器和新工具来降低工人的工资；（4）建立工会基金会，来帮助失业工人和生活困难的会员及其家属，并在罢工时维持罢工工人的生活。

1848 年，马克思和恩格斯在《共产党宣言》中，运用唯物史观进一步阐述了工人联合的经济意义和政治意义，指出：“资产阶级赖以生存的统治的根本条件，是财富在私人手里的积累，是资本的形成和增殖；资本的条件是雇佣劳动。雇佣劳动完全是建立在工人的竞争之上的，资产阶级无意中造成而又无力抵抗的工业进步，使工人通过联合而达到的革命团结代替了他们由于竞争而造成的分散状态。于是随着大工业的发展，资产阶级赖以生产和占有产品的基础本身也就从它的脚下被挖掉了。它首先生产的是它自身的掘墓人。资产阶级的灭亡和无产阶级的胜利是同样不可避免的。”

二、工会经济斗争与政治斗争的关系

工会的经济斗争是工会的最重要的活动之一。经济斗争不仅可以让工人的具体利益得到保护，而且使工会在工人中产生吸引力，组织规模也会变得越来越大。因此，马克思和恩格斯对工会的经济斗争给予了高度评价，并鼓励工会开展这一斗争。19世纪60年代，英国工人取得争取10小时工作制法案斗争的胜利，马克思对此评价道："这一法案对于工厂工人的体力、道德和智力方面引起了非常良好的后果，在工厂视察员每半年一次的报告书中都曾指出过，现在已经成为大家公认的事实了。""因此，10小时工作制法案不仅是一个重大的实际成功，而且是一个原则的胜利；资产阶级政治经济学第一次在工人阶级政治经济学面前公开投降了。"1866年8月，马克思在《临时中央委员会就若干问题给代表的指示》中对各国工会限制工作日斗争再次给予高度评价："限制工作日是一个先决条件，没有这个条件，一切进一步谋求改善工人状况和工人解放的尝试，都将遭到失败。"他进一步提出要求："我们建议通过立法手续把工作日限制为8小时。这种限制是美国工人的共同要求；代表大会（指国际工人协会第一次代表大会——引者）的决定将使它成为全世界工人阶级的共同行动纲领。"

1867年，马克思在《资本论》第一卷中作了结论性论述，指出："在资本主义生产的历史上，工作日的正常化过程表现为规定工作日界限的斗争，这是全体资本家即资本家阶级和全体工人即工人阶级之间的斗争。"这足以看出，马克思对工会经济斗争的重视程度。

但工人阶级建立工会组织并不仅仅是为了经济利益，其斗争的目标必然要深入政治领域。因此，马克思在充分肯定工人为提高工资和限制工作时间而进行经济斗争的必要性和意义的同时，指出："工人阶级也不应夸大这一日常斗争的最终结果"，单纯的经济斗争"只是在反对结果，而不是在反对产生这种结果的原因；只是在阻挠这种下降的趋势，而不是改变这一趋势的方向；只是在用止痛剂，而不是在除病根"。因此，马克思提出："工人应当摒弃'做一天公平的工作，得一天公平的工资’这种保守的格言，而要在自己的旗帜上写上革命的口号‘消灭雇佣劳动制度！’”这样，马克思不仅为工会组织领导的工人运动指明正确的斗争方向，同时也驳斥了其他保守主义思潮，比如工联主义把工会斗争和工人运动局限在提高工资、改善劳动条件等日常斗争上的主张。

三、工会的作用与历史地位

首先，工会要把分散的工人群众作为一个阶级组织起来。工会通过组织团结工人群众使其产生凝聚力和向心力，使工人们开始感受到自己是一个整体，是一个阶级，联合起来将会产生强大力量。因此，工会的作用在于“把工人阶级的力量组织起来，团结起来，以迎接即将到来的斗争”。其次，工会是组织工人阶级进行反对资本斗争的杠杆。只有组织工会，工人阶级才能形成现实的力量为改善自己的状况而进行卓有成效的斗争。最后，工会又是无产阶级的学校。工会促进了无产阶级意识的形成与传播。各种工会斗争又使得无产阶级成员受到锻炼，并且不断成长壮大。关于工会的历史地位，马克思和恩格斯认为，在工会的斗争实践中，“工会已经不知不觉地变成了工人阶级的组织中心”，自觉地进行活动，因为“劳资之间永远不可能在公平的条件下缔结协定”。“不管工会的最初目的如何，现在它们必须学会作为工人阶级的组织而自觉地进行活动，把工人阶级的彻底解放作为自己的伟大任务。”在这里，马克思把工会的任务和工人阶级的历史使命紧密地联系在一起，即是说，在工人阶级彻底解放的历史使命没有实现之前，工会的任务就没有完成，“工会应该向全世界证明，它们绝不是为了狭隘的利己主义的利益，而是为了千百万被压迫者的解放进行斗争”。

四、工会与无产阶级政党的关系

工会都是通过政治斗争成长和巩固起来的，这是马克思和恩格斯关于工会理论的一个重要观点。这就要求工会不断参与政治斗争，争取更多政治权利，其中让工人代表进入议会就是一项重要的斗争内容。在这一问题上，马克思要求工会认真研究政治问题，“要选举那些负有维护本阶级利益使命的、像他们本人一样的工人为自己的代表，来代替那些以玩弄政客手腕为职业的人”。

恩格斯认为，工人参与的政治斗争必要途径是与工人阶级政党齐心协力，他把工会与党在政治斗争中协同动作，看成是工人运动的发展标志。他在回顾 1877 年欧洲工会运动时就曾指出：“德国运动的一大优点，就是工会组织同政治齐心协力地工作。”在第一国际与第二国际前期，工会与党在组织上的界限并不十分明确，这是由当时工人运动的水平决定的。即使在这种情况下，恩格斯也认为，工会组织应当有区别于工人阶级政党的独立活动。因为没有这种区分，也就谈不上在这个基础上实现工会与工人阶级政党的协同动作。

五、工会的国际联合思想

在马克思和恩格斯以前，已有人对工人阶级国际团结和工会国际联合进行过有益的探索。马克思和恩格斯在借鉴他人正确观点的基础上，从经济理论上更深刻和更系统地阐明了工会国际联合的客观基础与重要意义。1845 年，恩格斯在《伦敦举行的各族人民庆祝大会》一文中就指出，全世界的无产者都有共同的利益和共同的敌人。《共产党宣言》则把无产阶级国际主义团结的思想浓缩于“全世界无产者，联合起来”的伟大号召之中。这一口号，成为 19 世纪千千万万工人共同呼喊的战斗口号。

马克思指出，资本作为国际力量在起作用，所以在与资本斗争时，全世界工人阶级有必要联合行动。工会国际联合是工人阶级彻底解放的前提，“如果我们能够在一切国家的一切工人中间牢牢地巩固这个富有生气的原则，我们就一定会达到我们所向往的伟大目标”。“劳动的解放既不是一个地方的问题，也不是一个民族的问题，而是涉及存在有现代社会的一切国家的社会问题，它的解决有赖于最先进各国在实践上和理论上的合作。”

1864 年 9 月，国际工人协会成立。这是马克思和恩格斯工会国际联合思想在组织上的具体化。成立国际工人协会，是为了促进各国工人在与资本斗争中的联合，形成更加强大的力量而采取统一的行动。怎样达成这一目标呢？马克思认为，工会的国际联合应当以追求工人阶级的保护、发展和彻底解放作为目标，求同存异，找到最大公约数，而国际工人协会恰恰就是担负着沟通、协调、对各国工会进行指导职责的联合中心。马克思在领导第一国际工作时，一直主张工会的国际联合工作既要坚持原则的坚定性，又要顾及政策的灵活性，把原则性与灵活性结合起来，“要把我们的观点用目前水平的工人运动所能接受的形式表达出来”，“重新觉醒的运动要做到使人们能像过去那样勇敢地讲话，还需要一段时间。这就必须实质上坚决，形式上温和”。

六、列宁的工会思想

列宁坚持马克思主义基本原理，并将其同俄国工人运动的具体实践结合起来，在积极投身和领导工人运动实践过程中，回答了工会与工人阶级政党的关系、工会的职能、社会主义国家工会组织存在的必要性等一系列重大理论与实践问题，形成了列宁工会思想，这一思想对其后各个社会主义国家的工会工作都产生过深远影响。

（一）关于工会与工人阶级政党以及政府的关系

工会必须接受工人阶级政党的领导，这是列宁一贯坚持和强调的思想。列宁认为，工人运动不能自发地产生社会主义，因而它就不可能自觉地从事社会主义革命活动，也不会创造出独立的思想体系，“因为人类没有创造过任何‘第三种’思想体系，而且在为阶级矛盾所分裂的社会中，任何时候也不可能有非阶级的或超阶级的思想体系”。在现存的两大思想体系中，“资产阶级思想体系的渊源比社会主义思想体系久远得多，它经过了更加全面的加工，它拥有的传播工具也多得不能相比”。因此，工人群众和工人运动更容易受到资产阶级思想体系的影响甚至抵制，最后完全葬送工人阶级的解放事业。这种情况下，工人政党必须向工人群众“灌输”社会主义思想和意识，工人政党“所要实现的任务：把社会主义思想和政治自觉性灌输到无产阶级群众中去”。

列宁在论证工会必须接受工人阶级政党领导的同时，也提出了一些加强党对工会领导的具体措施。首先，党要帮助工会，与工会建立密切的联系。其次，开展广泛的揭露工作，揭露进入工人团体中的政府警察、神父的真面目，使工会等工人团体摆脱政府和资本家代理人的影响，“全面的政治揭露，是培养群众革命积极性的必要条件和基本条件”。最后，帮助工会办刊物，扩大工会组织在工人群众中的影响。

工会接受党的领导并不等于工会的事情完全由党来操办和代办。列宁在《怎么办?》一书中详细分析了党与工会各自不同的性质与特点，以及具体的领导办法。他认为，党领导工会，并不等于工会组织的一切日常工作和活动都由党组织决定，或由党组织亲自去执行，使党陷入繁杂的工会的事务之中，而是“逐渐集中掌握真正的政治领导工作”。列宁的论述表达了一个深刻的思想：党组织应该集中力量抓主要工作，即政治思想领导，工会组织可以承担的任务交由工会自己去办理。

对于工会在社会主义政治体系中的地位问题，列宁指出："工会就它在无产阶级专政体系中的地位来说，是站在——如果可以这样说的话——党和国家政权之间的。"他进一步指出："可以说党吸收了无产阶级的先锋队，由这个先锋队来实现无产阶级专政。可是，没有工会这样的基础，就不能实现专政，就不能执行国家职能。"这是因为，"工会通过日常的工作说服群众，说服那唯一能够领导我们从资本主义过渡到共产主义去的阶级的群众。这是一方面。另一方面工会是国家政权的'蓄水池'。"列宁在描述工会与国家政权关系时，还用过诸如"就像一组齿轮"，"是一个由若干齿轮组成的复杂体系"等用语。这些论述深刻反映了列宁对工会组织地位、作用及其重要性的充分重视。

（二）关于工会是共产主义大学校的思想

十月革命胜利以后，列宁曾提出"工会国家化"的构想，即让工会担负国家职能，认为"工会国家化是不可避免的"，"有系统地把工会变为管理整个国民经济的机关"。这一思想基于如下认识：新型的工人阶级国家政权应当最终实现劳动人民群众的直接管理，实现自治，而工会几乎包括了所有工人，因此，国家职能逐渐转向工会手里就是交到工人阶级手里。实践中，在俄国苏维埃政权建立初期，工会开始承担一些国家经济管理职能，比如管理工厂、铁路运输等。但是后来列宁思想发生了改变，并逐渐放弃了"冒进式"的"工会国家化"思想，因为"工人和旧社会之间从来没有一道万里长城。工人同样保留着许多资本主义社会的传统心理。工人在建设新社会，但他还没有变成新人，没有清除掉旧世界的污泥。如果以为这可以马上办到，就是十足的空想，就是在实际上把社会主义世界移到半空中去的空想”。

由于工人的政治素质和文化素质不够，“工会国家化”不能急于求成，工厂企业管理不得不开始实行“一长制”。那么，社会主义时期的工会如何定位？其职责是什么？列宁认为，工会是共产主义学校。他指出：“它是一个教育的组织，是吸引和训练的组织，它是一所学校，是学习管理的学校，是学习主持经济的学校，是共产主义学校。”工会的职责就是吸引和组织广大的工人群众，学习管理、学习文化，提高管理能力。

（三）关于工会密切联系工人群众的思想

工会是工人群众紧密联系的组织，因此工会不能脱离工人群众。列宁敏锐地注意到工会同工人群众之间的关系问题，他在其相关著作中曾多次强调，工会要与工人群众保持紧密联系，联系群众就是联系大多数工人以及全体劳动者，这是工会无论做什么工作都能够取得成绩的最重要最基本的条件。不管是工人阶级政党还是工会组织，面临最大、最严重的危险之一，就是脱离工人群众。因此，列宁警告说，如果共产党和群众之间的传动装置——工会建立得不好或工作犯错误，社会主义建设必将遭到大灾难。工会在做工人群众工作时的主要方法是说服教育，“一方面，工会要善于适应群众，适应群众当时的水平；另一方面，它们又绝不应当姑息群众的偏见与落后，而要不断地把他们提高到越来越高的水平上”。

（四）关于工会的两个“保护”思想

工人阶级夺取了政权，建立起工人阶级自己的国家，为什么还需要工会组织去保护工人群众的利益？这是苏维埃社会主义政权建立以后，列宁领导的布尔什维克党直面并且需要回答的新的重大问题。列宁认为：“我们的国家是带有官僚主义弊病的国家。我们不得不把这个不光彩的帽子，加在它的头上。这就是过渡的实际情况。试问，在实际形成的这样一种国家里，难道工会没有什么可以保护的吗？没有工会，能够保护组织起来的全体无产阶级的物质利益和精神利益吗？”按照列宁的分析，由于工人阶级的国家政权尚存在官僚主义的弊端，这就需要通过工会来保护工人群众免受来自国家政权的侵犯。工会监督官僚主义，保护工人群众免受自己国家政权的侵犯，但是工会的作用毕竟与资本主义社会条件下不同，因此，工会除了这一“保护”外，也要“同时利用这些工人组织来组织工人保护我们的国家”。列宁关于“两个保护”的观点，对资本主义条件下的工会维护职能同社会主义条件下的工会维护职能进行了原则区分，这一理论观点至今仍然具有重大的现实指导意义。

思考题：

1. 马克思主义创立的劳动理论的重大意义是什么？
2. 试述马克思主义关于无产阶级伟大历史使命的思想。

第二章　中国共产党关于工人阶级和工会理论的探索与发展

中国共产党在领导中国人民进行革命、建设和改革的伟大实践中，始终关注和高度重视工人阶级和工会工作。在继承马克思主义关于工人阶级和工会理论的基础上，总结了中国工人运动的经验，丰富和发展了马克思主义关于工人阶级和工会的理论。联系工会工作实际，深入学习和运用中国共产党关于工人阶级和工会的理论，对于坚持中国特色社会主义工会发展道路，推进党的工运事业和工会工作，具有重大的现实意义和深远的历史意义。

第一节　以毛泽东同志为核心的党的第一代中央领导集体关于工人阶级和工会的理论

以毛泽东同志为核心的党的第一代中央领导集体关于工人阶级和工会的理论，其中心思想是强调工人阶级是革命和建设的领导阶级，必须全心全意地依靠工人阶级，工会是保护工人利益的组织，在社会主义条件下工会工作是围绕生产建设这一中心并为其服务的。

一、工人阶级是我国革命和建设的领导力量

工人阶级最富于革命的彻底性，是革命和建设的基本动力，

是我国的领导阶级。

早在新民主主义革命初期，毛泽东同志就运用马克思主义阶级分析的方法，对中国社会各阶级的经济地位及其对于革命的态度进行了分析。毛泽东同志在《中国社会各阶级的分析》一文中指出，中国现代工业无产阶级约二百万人。人数虽不多，却是中国新的生产力的代表者，是近代中国最进步的阶级，做了革命运动的领导力量。由于工业无产阶级集中，经济地位低下，所以他们特别能战斗。都市苦力工人和农村无产阶级在革命中的地位也很重要。工业无产阶级是我们革命的领导力量。

在《中国革命和中国共产党》一文中，毛泽东同志在讲到中国革命的动力时指出，中国无产阶级除了一般无产阶级的基本优点，即与最先进的经济形式相联系，富于组织性纪律性，没有私人占有的生产资料以外，还有它的许多特殊的优点，主要有：

第一，中国无产阶级身受三种压迫（帝国主义的压迫、资产阶级的压迫、封建势力的压迫），而这些压迫的严重性和残酷性，是世界各民族中少见的；因此，他们在革命斗争中，比任何别的阶级来得坚决和彻底。

第二，中国无产阶级开始走上革命的舞台，就在本阶级的革命政党——中国共产党领导之下，成为中国社会里最有觉悟的阶级。

第三，由于从破产农民出身的成分占多数，中国无产阶级和广大的农民有一种天然的联系，便于他们和农民结成亲密的联盟。因此，虽然中国无产阶级有其不可避免的弱点，如人数较少（和农民比较），年龄较轻（和资本主义国家的无产阶级比较），文化水准较低（和资产阶级比较）；然而，他们终究成为中国革命的最基本的动力。中国革命如果没有无产阶级的领导，就必然不能胜利。毛泽东同志指出："根本的革命力量是工农，革命的领导阶级是工人阶级。如果离开了这种根本的革命力量，离开了工人阶级的领导，要完成反帝反封建的民主革命是不可能的。"

由于中国的具体国情，为了实现无产阶级的领导权，就必须建立巩固的工农联盟和广泛的统一战线。毛泽东同志指出："在中国社会的各阶级中，农民是工人阶级的坚固的同盟军，城市小资产阶级也是可靠的同盟军，民族资产阶级则是在一定时期中和一定程度上的同盟军，这是现代中国革命的历史所已经证明了的根本规律之一。"毛泽东同志还强调："总结我们的经验，集中到一点，就是工人阶级（经过共产党）领导的以工农联盟为基础的人民民主专政。这个专政必须和国际革命力量团结一致。这就是我们的公式，这就是我们的主要经验，这就是我们的主要纲领。"

二、工人阶级是党的阶级基础

随着中国近代工业的发展，中国工人阶级作为先进生产力和生产关系的代表走上历史舞台。中国共产党正是马克思主义和中国工人运动相结合的产物。没有中国工人阶级和工人运动及其同马克思主义的结合，也就没有中国共产党的诞生。

毛泽东同志深刻地阐明了中国共产党和中国工人阶级密不可分的内在的特殊联系和关系。他指出，工人阶级是党的阶级基础。我们党不是任何别的阶级的政党，更不是什么超阶级的党，而是工人阶级的政党。工人阶级是党的社会阶级载体和力量的基本源泉，"中国无产阶级开始走上革命舞台，就在本阶级的革命政党——中国共产党领导之下，成为中国社会里比较最有觉悟的阶级"。"中国工人阶级，自第一次世界大战以来，就开始以自觉的姿态，为中国的独立、解放而斗争。1921 年，产生了它的先锋队——中国共产党，从此以后，使中国的解放斗争进入了新阶段。在北伐战争、土地革命战争和抗日战争三个时期中，中国工人阶级和中国共产党，对于中国人民的解放事业作了极大的努力和极有价值的贡献。”

三、必须全心全意依靠工人阶级

1949 年 3 月，毛泽东同志在党的七届二中全会上提出了全心全意依靠工人阶级的根本指导方针。他指出：“在城市斗争中，我们依靠谁呢？有些糊涂的同志认为不是依靠工人阶级，而是依靠贫民群众。有些更糊涂的同志认为是依靠资产阶级。”“我们必须批判这些糊涂思想。我们必须全心全意地依靠工人阶级，团结其他劳动群众，争取知识分子，争取尽可能多的能够同我们合作的民族资产阶级分子及其代表人物站在我们方面，或者使他们保持中立，以便向帝国主义者、国民党、官僚资产阶级作坚决的斗争，一步一步地去战胜这些敌人。”

1957 年 2 月 27 日，毛泽东同志在《关于正确处理人民内部矛盾的问题》一文中指出，“我们的国家是工人阶级领导的以工农联盟为基础的人民民主专政的国家”，“专政的目的是为了保卫全体人民进行和平劳动，将我国建设成为一个具有现代工业、现代农业和现代科学文化的社会主义国家”。

毛泽东同志高度重视维护工人阶级当家作主的政治权利。1959 年 12 月—1960 年 2 月，毛泽东同志在《政治经济学教科书》读书小组会上的谈话中指出，劳动者管理国家、管理军队、管理各种企业、管理文化教育的权利，实际上这是社会主义制度下劳动者最大的权利，最根本的权利。没有这种权利，劳动者的工作权，休息权，受教育权等等权利，就没有保证。

毛泽东同志十分重视维护工人阶级的经济利益。1952 年 8 月在《对一九五一年度国家预算执行情况及一九五二年度国家预算草案的报告稿的批语》中，毛泽东同志指出，在实行增产节约的同时，必须注意职工的安全、健康和必不可少的福利，如果只注意前一方面，忘记后一方面，那是不对的。1953 年 8 月 21 日，毛泽东同志在一份中共中央文件中强调，要在增加生产的基础上逐步地改善工人的生活。毛泽东同志十分关心失业工人的情况，他在 1963 年 12 月 13 日所写的一封信中指出，一定要使失业者设法就业。即使暂时不能就业，也要支出一笔救济费把他们养起来，以待逐渐设法就业。

毛泽东同志重视加强工人阶级队伍的建设和教育。在《实践论》一文中，毛泽东同志在论述辩证唯物论关于认识的发展过程时，举例说：由于实践，由于长期斗争的经验，经过马克思、恩格斯用科学的方法把这种种经验总结起来，产生了马克思主义的理论，用以教育无产阶级，这样就使无产阶级理解了资本主义社会的本质，理解了社会阶级的剥削关系，理解了无产阶级的历史任务，这时他们就变成了一个“自为的阶级”。1957 年 2 月，毛泽东同志指出，工人阶级要在阶级斗争中和自然界的斗争中改造整个社会，同时也就改造自己。工人阶级必须在工作中不断学习，逐步克服自己的缺点，永远也不能停止。1957 年 10 月，毛泽东同志强调建立无产阶级知识分子的队伍的重要性，指出：“无产阶级没有自己的庞大的技术队伍和理论队伍，社会主义是不能建成的。”

四、充分发挥劳动模范的骨干、支柱和桥梁作用

毛泽东同志很早便发现了开展劳动竞赛的积极意义，对褒奖劳动英雄的活动十分重视，并认真总结这些活动的经验，明确劳模的定位和作用，为劳模表彰活动的推广、制度的形成和劳模效应更大的发挥作出了独特的贡献。

1941 年陕甘宁边区开展“五一”生产竞赛。1942 年，边区

农具厂的司炉工赵占魁成为劳动英雄中的明星。毛泽东同志称赞赵占魁为“中国式的斯达汉诺夫”，并为他题词“钢铁英雄”。1945 年 1 月，毛泽东同志在陕甘宁边区劳动英雄和模范工作者大会上的讲话中，肯定劳动英雄和模范工作者有三种长处，起了三个作用，即“带头作用、骨干作用和桥梁作用”。

1950 年 9 月 25 日至 10 月 2 日，全国战斗英雄代表会议和全国工农兵劳动模范代表会议在北京举行，毛泽东同志代表中共中央在会上致祝词，指出：“你们在消灭敌人的斗争中，在恢复和发展工农业生产的斗争中，克服了很多的艰难困苦，表现了极大的勇敢、智慧和积极性。你们是全中华民族的模范人物，是推动各方面人民事业胜利前进的骨干，是人民政府的可靠支柱和人民政府联系广大群众的桥梁。”

五、工会是劳工的团结体，是保护工人利益的堡垒

1921 年 7 月，中国共产党成立。毛泽东同志参加了党的第一次代表大会以后，即回湖南从事工人运动。1922 年 5 月，中共湘区委员会成立，毛泽东同志任书记。同年 9 月，中国劳动组合书记部湖南分部成立，毛泽东同志任分部主任。他积极发展党的组织，并帮助成立了各种各样的工会组织，包括铁路、人力车、笔业、石匠、理发、纺织、裁缝和排字等各行业工人。毛泽东同志还多次到安源指导工人运动，并派刘少奇、李立三等同志到安源领导工人运动。由于毛泽东等人的积极工作，在短短两年的时间内，湖南就有了 20 多个工会组织和 5 万多名会员。毛泽东同志十分重视党对工会的领导，在每一个工会成立之际，他总是设法把一名党员安排进去做总干事。

1921 年 11 月，毛泽东同志在湖南劳工会刊物《劳工周刊》发表的《所希望于劳工会的》一文中指出：“劳工会是劳工的团结体……劳动组合的目的，不仅在团结劳动者以罢工的手段

取得优异的工资和缩短工作时间，尤在养成阶级的自觉，以全阶级的大同团结，谋全阶级的根本利益。这是宗旨所在，希望劳工会诸君特别注意的。”

1934年1月，第二次全国苏维埃代表大会在江西瑞金开幕。毛泽东同志在大会上作政府工作报告。在报告中，他充分肯定了苏区工会所取得的成绩。他指出，苏区工人组织了坚强的阶级工会。这种工会是苏维埃政权的柱石，是保护工人利益的堡垒，同时它又成为广大工人群众学习共产主义的学校。

1960年3月22日，毛泽东同志在中共中央批转《鞍山市委关于工业战线上的技术革新和技术革命运动开展情况的报告》的批示中，以苏联经验为借鉴，对我国的社会主义企业管理工作作了科学的总结，强调把工人参加管理，干部参加劳动，改革不合理的规章制度，干部、工人、技术人员三结合，作为工业管理和企业管理，开展技术革新和技术革命的方针。后来，这被称为中国工人阶级创造的“鞍钢宪法”。

毛泽东同志对企业工会如何处理同党、政的关系，有过一些原则性的论述，其要点有：（1）在一个企业内，党、政、工的工作必须统一于一个共同的目标之下，就是搞好生产经营，实行党、政、工的统一领导，各顾各地把三方面分裂起来的做法是完全错误的；（2）工会要主动取得党委对工会的领导和支持，这是搞好工会工作的先决条件；（3）工会要主动和行政搞好关系，行政方面也要主动支持工会工作，帮助工会解决实际问题。

毛泽东同志提出了工会应把大多数工人组织起来的重要原则。中华人民共和国成立前夕，他在全国工会工作会议上指出：“今天我国有将近二千万的职工大军，但组织起来的太少。老解放区工会发展很少，新解放区刚才开始。必须尽快建立工会，把工人阶级组织起来。一切职工，即使政治上落后的人都应包括在工会组织之内。否则，我们在工厂中便会是少数，便会孤立。”

六、工会工作围绕经济建设这一中心并为其服务

毛泽东同志在《论政策》、《关于工业与工运问题的方针》、《目前形势和我们的任务》、《关于工商业政策》等著作中，对“劳资两利”方针作了深刻的论述。针对抗日战争，特别是解放战争时期出现的对待民族资产阶级和上层小资产阶级的过“左”的错误政策，以及片面强调工人眼前福利，提出过高劳动条件的倾向，指出：“新民主主义国民经济的指导方针，必须紧紧地追随着发展生产、繁荣经济、公私兼顾、劳资两利这个总目标。一切离开这个总目标的方针、政策、办法，都是错误的。”

1949 年 3 月，毛泽东同志在党的七届二中全会上指出：“只有将城市的生产恢复起来和发展起来了，将消费的城市变成生产的城市了，人民政权才能巩固起来。城市中其他的工作，例如党的组织工作，政权机关的工作，工会的工作，其他各种民众团体的工作……都是围绕着生产建设这一个中心工作并为这个中心工作服务的。”毛泽东同志要求做工会工作的同志主动地和行政搞好关系：“党、政、工三方面，共同的目的都是为了搞好生产。”

1951 年 2 月，毛泽东同志在为中共中央起草的党内通报《中共中央政治局扩大会议要点》中指出，工厂内，以实现生产计划为中心，实行党、政、工、团的统一领导。力争在增加生产的基础上逐步改善工人生活。在城市建设计划中，应贯彻为生产、为工人服务的观点。全国总工会及各上级工会应着重解决下面的具体问题。党委及工会应着重典型经验的创造，迅速推及各处。

第二节　以邓小平同志为核心的党的第二代中央领导集体关于工人阶级和工会的理论

以邓小平同志为核心的党的第二代中央领导集体关于工人阶级和工会的理论内容十分丰富，重点强调要全心全意依靠工人阶级，工人阶级要为实现社会主义现代化作出优异贡献，工会要自觉接受党的领导，更好地代表和维护职工群众的利益等内容。

一、全心全意依靠工人阶级必须成为党的指导思想

党是工人阶级的先锋队，工人阶级是党的阶级基础。全心全意依靠工人阶级，是邓小平同志的一贯思想。他指出，马克思主义向来认为，归根到底地说来，历史是人民群众创造的。工人阶级必须依靠本阶级的群众力量和全体劳动人民的群众力量，才能实现自己的历史使命。

《在西南局城市工作会议上的报告提纲》是邓小平同志在1950年为西南局召开的第一次城市工作会议讲话亲笔写的报告提纲。他在这次报告中着重阐述了党的工作重心由农村转移到城市之后，“城市工作做什么、依靠谁”的问题。他强调全党必须全心全意依靠工人阶级，一步一步地学会管理城市和建设城市，把农业国变为工业国，由新民主主义走向社会主义。在这个报告提纲中，邓小平同志深刻阐述了如何依靠工人阶级的问题，指出，第一，必须从思想上认识工人阶级的作用，不依靠工人就无法搞好工业生产，就不可能走向社会主义。第二，必须把工人的最大多数组织到工会中去，并依靠工会去教育工人，

启发其阶级觉悟，发挥其生产积极性。特别强调，“忽视工会工作，就谈不上依靠工人阶级”。第三，用高度的热忱去关怀工人阶级的各方面，从政治上、文化上、生活和物质福利上去关心他们，不要忽略有利于工人的“小事”。反对在困难时依靠，顺利时就不依靠；需要时依靠，不需要时就不依靠；口头上依靠，思想上并不依靠。第四，特别强调，“依靠工人阶级必须成为党的指导思想，必须贯彻到各部门中去。不能把它看作只是工会和工厂的事情”。

改革开放以后，邓小平同志多次强调，科学技术是第一生产力，知识分子是工人阶级的一部分，依靠工人阶级是依靠包括产业工人、知识分子和管理者在内的工人阶级整体。这一论述，为我国实施科教兴国战略和人才强国战略奠定了理论基础。

二、工人阶级要为实现四个现代化作出优异贡献

把实现社会主义四个现代化的宏伟目标作为工会在新时期基本任务的思想，是邓小平工会理论的重要组成部分，是指导工会在新的历史时期开展工作的根本方针。

把实现四个现代化作为新时期工会的基本任务的思想，集中体现在邓小平同志在中国工会九大上所作的《工人阶级要为实现四个现代化作出优异贡献》的致词中。这是贯穿致词的一条主线，为中国工会在新的历史条件下开展工作确定了正确原则，指明了前进方向。

邓小平同志认为，进行这些改革，是全国人民的长远利益所在，也是工人阶级的根本利益所在。依据工人阶级的先进性质与特点，确定了工人阶级是现代化建设事业的主力军身份、地位与作用，并对工人阶级在社会主义现代化建设及改革开放事业中的作为寄予厚望。他指出：“工人阶级最重要的特点之一就是同社会化的大生产相联系，因此它的觉悟最高，纪律性最

强，能在现时代的经济进步和社会政治进步中起领导作用。”为了社会主义的利益，为了四个现代化的利益，“全国工人阶级一定会在这些改革中起大公无私的模范先锋作用”。工人阶级要发扬“艰苦奋斗、大公无私、严守纪律、服从调动、爱厂如家”的光荣传统，用最大的努力来掌握现代化的技术知识和现代化的管理知识，努力成为有理想、有道德、有文化、有纪律的一代新人，为实现四个现代化作出优异贡献。

三、群众路线是党的根本工作路线

人民群众是我们党的力量源泉和胜利之本。我们党的性质、宗旨和指导思想，决定了党必须把为人民谋利益作为自己全部活动的出发点和归宿。党在长期斗争中创造和发展起来的一切为了群众，一切依靠群众，从群众中来，到群众中去的群众路线，是实现党的思想路线、政治路线、组织路线的根本工作路线，是中国共产党的优良传统和政治优势。邓小平同志指出：“党的全部任务就是全心全意地为人民群众服务。”“党必须密切联系群众和依靠群众，而不能脱离群众，不能站在群众之上。”党的工作中的群众路线，具有极深刻的理论意义和实践意义。“由于我们党现在已经是在全国执政的党，脱离群众的危险，也比以前大大地增加了，而脱离群众对于人民可能产生的危害，也比以前大大地增加了。因此，目前在全党认真地宣传和贯彻执行群众路线，也就有特别重大的意义。”

邓小平同志在《高级干部要带头发扬党的优良传统》中强调，“我们搞四个现代化，因为经验不足，会面临多方面的困难”，“这些问题，归根到底，只有相信群众，依靠群众，充分走群众路线，才能够得到解决”。

四、切实维护职工群众的民主权利与合法权益

邓小平同志早在1950年《依靠工人阶级，做好城市工作》中就指出："所谓管理民主化，必须具体体现在'依靠工人团结职员'之中，尤其是具体体现到工会、工厂管理委员会、职工代表会这三种组织形式中，否则就谈不上什么民主化，就没有民主的内容。"他在《要扩大群众对党的监督，对党员的监督》中，论述了扩大群众监督的重要性和必要性，强调既有自上而下的党委领导下的厂长负责制，又有自下而上的党委领导下的群众监督制，要搞职工代表大会，加强它的作用。在中国工会九大致词中进一步强调，"工会要教育全体会员积极参加企业的管理"，充分行使企业主人的权利，"所有的企业必须毫无例外地实行民主管理"，"企业的重大问题要经过职工代表大会或职工大会讨论"。邓小平同志认为，在维护职工群众具体利益方面，"工会组织有更大量的工作应该做。工会组织要督促和帮助企业行政和地方行政在可能的范围内，努力改善工人的劳动条件、居住条件、饮食条件和卫生条件"等。工会只要认真履行维护职能，能够替职工群众说话办事，"就会在工人群众中享有很高的威信，可以为四个现代化作出重大的贡献"。邓小平同志十分重视工会的参与职能。工会作为职工代表大会或职工大会的工作机构，应当代表职工的利益积极参与管理。工会参与职能发挥的好坏，"影响着工人当家作主的权利行使得怎么样，也影响着企业管理的好坏怎么样"，"一个企业管理得好，不仅是企业党政干部的成绩，也是全企业工人群众的成绩，也是工会工作的成绩"。

五、加强中国工人阶级与世界各国工人阶级的团结

邓小平同志在《工人阶级要为实现四个现代化作出优异贡献》中指出："我国工人阶级在建设自己国家的同时，一定要

时时刻刻记着全世界无产阶级、被压迫人民和被压迫民族。我们要进一步加强同全世界工人阶级和革命人民的团结，支持他们反帝、反殖、反霸，争取和维护民族独立以及争取社会进步的斗争，为全世界工人阶级的解放和人类的进步事业作出应有的贡献。我国工人阶级也要虚心学习各国工人阶级的斗争经验，学习他们的先进科学技术，来加快实现我国的四个现代化。”中国工会在国际事务中要继续奉行“独立自主、广泛联系”的方针，大力开展交流与合作，积极参加国际劳工组织等多边国际活动，努力增进与各国工人和人民之间的了解与友谊，不断扩大中国工会的国际影响，共同致力于推动形成公正合理的国际工会运动新秩序，为推进世界的和平、发展和维护工人权益的进步事业，作出不懈的努力。

六、加强和改善党对工会工作的领导

邓小平同志在论述党与群众团体的关系中指出：“所谓群众团体的独立性，是在组织意义上讲的，在政治上必须保障其在党的政治领导之下。党对群众团体，应加强其政治领导，不应在组织上去包办。群众团体的工作，应由群众团体自己去讨论和执行。”邓小平同志阐明了工会组织与党的正确关系，指出：工会工作是党的全局工作的一部分，工会要自觉接受党的领导，依照党的全局工作来布置自己的工作。党组织要加强对工会工作的领导，高度重视和充分发挥工会组织的作用，支持工会独立自主地创造性地开展工作。邓小平同志在《工人阶级要为实现四个现代化作出优异贡献》中指出：“全国第六次劳动大会和工会第七次、第八次全国代表大会所规定的工人运动的路线、方针、任务是正确的。全国总工会和各级工会组织在党的领导下做了许多很好的工作，对全国的社会主义革命和社会主义建设的胜利发展起了重大的作用。”

第三节　以江泽民同志为核心的党的第三代中央领导集体关于工人阶级和工会的理论

以江泽民同志为核心的党的第三代中央领导集体，就工人阶级和工会理论作出新的总结和概括，强调要全心全意依靠工人阶级，工人阶级要为改革开放和现代化建设作出新的贡献，充分发挥工人阶级的主力军作用，要加强和改善党对工会工作的领导，积极探索有中国特色的社会主义工会工作的新路子。

一、工人阶级的地位、作用和历史使命

江泽民同志指出："我国工人阶级具有光荣的革命传统。在二十世纪中华民族的发展过程中，工人阶级始终站在时代前列，推动着历史的前进和社会的进步。工人阶级在自己的先锋队中国共产党的领导下，前仆后继，英勇奋斗，为夺取新民主主义革命的胜利建立了伟大的功勋。新中国成立后，工人阶级坚决响应党的号召，自力更生，奋发图强，为我国社会主义建设作出了巨大的贡献。在新的历史时期，工人阶级在邓小平理论和党的基本路线指引下，积极投身改革，努力开拓进取，在社会主义现代化建设中又建立了新的显赫业绩。历史和现实的实践都证明，中国工人阶级不愧为先进社会生产力的代表，不愧为推进中国革命、建设和改革事业的中坚力量，不愧为我们国家的领导阶级。"

在工人阶级与党的关系问题上，江泽民同志指出："我们党不仅是工人阶级的阶级组织，而且是工人阶级的先锋队。能够把工人阶级组织起来，为实现自己的理想而斗争的，只有自己

的先锋队——共产党。工人阶级需要党，党也离不开工人阶级。”党必须始终坚持工人阶级先锋队性质，在政治上要坚决维护工人阶级的领导阶级地位，支持和领导人民当家作主；在工作中要全心全意地依靠工人阶级，依靠广大群众；在组织上要重视从工人、特别是生产第一线产业工人中发展优秀分子入党。同时，要切实加强党在工人阶级群众中的工作，增强他们的主人翁责任感和建设社会主义现代化的历史使命感，引导他们不断提高政治觉悟，克服自身的弱点，把工人阶级锻炼成一支真正具有先进阶级理想、社会主义道德、现代文化科学知识和严格纪律的强大阶级队伍。

二、坚持全心全意依靠工人阶级的基本政治原则不动摇

在1995年庆祝“五一”国际劳动节暨表彰全国劳动模范和先进工作者大会上的讲话中，江泽民同志指出：“工人阶级是我们党的阶级基础，是我们国家的领导阶级。我们党所领导的改革和社会主义现代化建设的全部活动与整个进程，都必须全心全意地依靠工人阶级，这在任何时候、任何情况下都不能动摇。”他还指出：“在跨世纪的征程上，我们要继续坚定不移地贯彻这个方针，充分发挥工人阶级的主人翁作用和伟大力量。”“全心全意依靠工人阶级，是我们党和国家的政治优势，也是我们从胜利走向胜利的重要保证。”

江泽民同志指出，全心全意依靠工人阶级就是要在政治上保证，制度上落实，素质上提高，权益上维护。全心全意依靠工人阶级，尤其要重视发挥产业工人的骨干作用。产业工人最有组织性、纪律性，是工人阶级队伍的骨干力量。全心全意依靠工人阶级，理所当然地也包括工人阶级中一部分的知识分子。知识分子是工人阶级中掌握科学文化知识较多的一部分，是先进生产力的开拓者，在改革开放和现代化建设中有着特殊的作

用，在精神文明建设中是一支骨干力量。

江泽民同志强调要充分发挥劳动模范的作用。他指出，劳动模范和先进工作者是我国工人阶级的优秀代表，是改革和建设的排头兵，是我们民族的精英、国家的脊梁、社会的中坚和人民的楷模。工人阶级和广大劳动群众中涌现出来的先进模范人物，为全社会树立了光辉的榜样。全国人民都要学习他们胸怀全局、目标远大，爱岗敬业、艰苦奋斗，刻苦学习、勇于创新，严于律己、弘扬正气的先进思想和优良作风。

三、保障工人阶级和劳动群众的民主权利

江泽民同志从加强社会主义民主政治建设的高度提出，各级领导机关和领导干部必须懂得，保证工人阶级和广大劳动群众行使管理国家、管理经济和社会事务的权利，是社会主义民主的根本要求。要坚持发挥职工代表大会的作用，建立和完善平等协商、集体合同制度，进一步完善村民自治制度，进一步加强社区的民主建设，通过政务公开、厂务公开、村务公开等多种形式，不断扩大基层民主，确保广大职工和劳动群众依法进行民主选举、民主决策、民主管理、民主监督。凡是企业的重大事情，都要同职工群众商量。越是涉及企业改革、发展和群众切身利益的重大问题，越要通过职工代表大会等形式，认真和充分听取广大职工的意见，真正做到群策群力，共同把企业的经营管理和效益搞上去。要继续坚持和进一步完善以职工代表大会为基本形式的企业民主管理制度，发挥工会和职工代表大会在民主决策、民主管理、民主监督中的积极作用。

在建立现代企业制度的过程中，江泽民同志还特别指出，国有大中型企业要建立和完善公司法人治理结构，明确股东会、董事会、监事会和经理层的职责，使之各负其责，形成有效的

制衡机制。同时，通过双向进入的办法，处理好股东会、董事会、监事会与党委会、工会、职工代表大会的关系。

针对企业领导体制存在的问题，特别是职工代表大会制度有所削弱的问题，江泽民同志强调："关于国营企业内部领导体制的问题，概括起来是三句话：充分发挥党组织的政治核心作用，坚持和完善厂长负责制，全心全意依靠工人阶级。"他在《工人阶级要肩负起历史赋予的光荣使命》中指出："在国有企业实行职工群众的民主管理，同在农村实行村民自治一样，都是我们建设有中国特色社会主义民主政治的重要创造。在开展企业的各项工作中，职工群众的民主管理只能加强，不能有任何削弱。"在《全心全意依靠职工群众办好企业》中，他进一步明确指出："要继续坚持和进一步完善以职工代表大会为基本形式的企业民主管理制度，发挥工会和职工代表大会在民主决策、民主管理、民主监督中的积极作用。"

四、保障工人阶级和广大劳动群众的经济和文化权益

2001 年，江泽民同志在劳模座谈会上发表重要讲话指出，保障工人阶级和广大劳动群众的经济、政治和文化权益，是党和国家一切工作的根本基点，也是发挥工人阶级和广大劳动群众积极性、创造性的根本途径。各级领导机关和领导干部都要从坚持党的全心全意为人民服务宗旨，巩固党的执政地位，维护国家长治久安的高度，坚持贯彻全心全意依靠工人阶级的方针，切实加强同广大职工群众的联系，关心他们的疾苦，倾听他们的呼声，实实在在地为他们说话办事，要特别关心那些工作和生活上暂时遇到困难的群众，把他们的事情摆上重要议事日程，重点考虑，重点解决，切实安排好他们的就业和生活。努力把工人阶级和广大劳动群众的物质文化利益实现好、维护好、发展好，把他们的积极性和创造性引导好、保护好、发挥

好。江泽民同志还指出，我们联系群众，首先就要联系广大工人群众，尊重和维护工人阶级应有的政治、经济利益和社会地位，千方百计为发挥他们的历史主动精神创造条件。要依据《中华人民共和国劳动法》等法律法规，维护职工的物质利益、民主权利和政治地位。坚决树立安全生产第一的思想。

江泽民同志十分重视社会保障制度的建设，指出需要特别注意把握和处理好改革的力度、发展的速度和社会可以承受的程度之间的关系。要抓好社会保障制度建设，建立和完善适应新的就业机制的社会保障制度；建立城市居民基本生活保障制度和企业职工基本养老保险制度。养老、失业、医疗等社会保障体系建设，要加紧推进。

五、工会肩负着维护职工群众合法权益的基本职责

江泽民同志指出，中国工会在党的领导下，为我国革命、建设和改革事业作出了重大的贡献。工会要继承和发扬光荣传统，更好地维护职工群众的合法权益，保护和调动广大职工的积极性，在改革、发展、稳定中再立新功。随着社会主义市场经济体制改革的深化，我国的社会阶层和劳动关系发生着深刻的变化。江泽民同志正确分析和把握新形势下出现的新情况和新问题，明确提出了新时期工会的基本职责，多次强调，工会“肩负着职工群众合法权益的代表者和维护者的神圣职责”。他在《正确认识工会的作用》中指出，工会“要真正代表工人群众的利益，依法维护工人群众的合法权益。如果工会不能代表工人群众的利益，工人群众还要工会干什么？……如果工会根本不考虑工人群众的利益，就站不住脚，就失去了自身的作用”。在2001年庆祝“五一”国际劳动节劳动模范座谈会上，他进一步明确指出：“工会是党领导的工人阶级群众组织，是党联系职工群众的桥梁和纽带，肩负着维护职工群众合法权益的

基本职责。要切实维护职工群众的具体利益，真心诚意地为职工群众服务。”

六、探索有中国特色的社会主义工会工作的新路子

江泽民同志强调，工会要以邓小平理论和党的基本路线为指导，积极探索有中国特色社会主义工会工作的新路子，努力开创工会工作的新局面。

江泽民同志深刻地阐明了加强和改善党对工会工作的领导与工会按照法律和工会章程独立自主活动的辩证关系。他在《正确认识工会的作用》中指出：“工会应该在各级党组织的统一领导下活动。强调工会在党的统一领导下活动，决不意味着把工会变成党委的一个部门，等同于党委宣传部、组织部一样的机构。工会应该是党领导下的相对独立的工人阶级的群众组织。这两个方面都要正确掌握，不可出现偏离。”在《工人阶级要肩负起历史赋予的光荣使命》中，他又进一步指出：“各级党委要进一步加强和改善对工会工作的领导，支持工会依照法律和自己的章程独立自主地开展工作，充分发挥工会组织的重要作用。”

关于正确处理总体利益与具体利益的关系，江泽民同志指出，工会组织要在维护全国人民总体利益的同时，更好地代表和维护职工群众的具体利益，真心诚意地为职工群众服务，千方百计地为他们办实事、办好事。

对于加强工会的自身建设，江泽民同志指出，工会工作要开创新局面，必须不断研究新情况，解决新问题，总结新经验，用改革的精神全面加强工会建设。

关于加强中国工人阶级与世界各国工人阶级的团结，江泽民同志强调：坚持奉行独立自主、广泛联系的方针，在独立、平等、互相尊重、互不干涉内部事务的原则基础上，进一步加强

同世界各国工人阶级和广大劳动人民的团结，为维护劳动人民的权益和世界和平，促进人类社会的发展和进步作出应有的贡献。

第四节　以胡锦涛同志为总书记的党中央关于工人阶级和工会的理论

以胡锦涛同志为总书记的党中央围绕新世纪新阶段坚持科学发展观、构建社会主义和谐社会的发展目标，就工人阶级和工会组织在全面建设小康社会和加快推进社会主义现代化建设中的历史使命、地位作用、发展道路和基本任务等，从理论上作出了一系列重要论述。

一、坚持全心全意依靠工人阶级的指导方针不动摇

胡锦涛同志指出，“我们要始终坚持全心全意依靠工人阶级的方针”。在2010年全国劳动模范和先进工作者表彰大会上发表的重要讲话中，他进一步指出：“各级党委和政府要始终坚持全心全意依靠工人阶级的根本方针，把广大劳动群众紧紧团结在党和政府周围，充分发挥他们的主力军作用。”党中央始终强调，在全面推进社会主义现代化建设事业新局面的历史进程中，不论社会主义市场经济如何发展、劳动方式如何变化、改革开放如何深化、国内国际形势如何变化，我们坚持走中国特色社会主义发展道路不会改变，全心全意依靠工人阶级方针不会改变，工人阶级国家主人翁地位不会改变，工人阶级作为改革开放和社会主义现代化建设主力军的作用不能削弱。

党中央还强调，各级党的组织和政府部门要从政治安排、权益维护、舆论宣传上切实落实好全心全意依靠工人阶级的指导方针。要完善广大职工群众参与国家事务、社会事务管理和

企事业民主管理的制度。要认真解决广大职工群众最关心最直接最现实的利益问题，使广大职工群众在可持续发展中更多分享经济社会发展成果。要加强和改善党对工会工作的领导，支持工会创造性地开展工作，把更多资源和手段赋予工会组织。

二、关于工人阶级的地位和作用

胡锦涛同志在2010年全国劳动模范和先进工作者表彰大会上指出："在当代中国，工人阶级和广大劳动群众始终是推动我国经济社会发展、维护社会安定团结的根本力量。实现我们确定的宏伟目标，必须高度重视和充分发挥我国工人阶级和广大劳动群众的主力军作用。""我国工人阶级是我国先进生产力和生产关系的代表，是我们党最坚实最可靠的阶级基础，是社会主义中国当之无愧的领导阶级，是全面建设小康社会、坚持和发展中国特色社会主义的主力军。长期以来，在中国共产党领导下，我国工人阶级和广大劳动群众始终站在时代前列，积极投身革命、建设、改革的洪流，艰苦奋斗，锐意进取，为国家、为民族建立了伟大历史功勋。新中国成立60多年来特别是改革开放30多年来我国经济社会发展的伟大实践和辉煌成就，充分显示了我国工人阶级和广大劳动群众的聪明才智和创造活力。"这充分肯定了我国工人阶级和广大劳动群众为改革开放和社会主义现代化事业作出的重大贡献。

党的十六大强调，在新的历史时期，中国工人阶级作为我国先进生产力和生产关系的代表，仍然是我们党最坚实最可靠的阶级基础，是社会主义中国当之无愧的领导阶级，是全面建设小康社会，坚持和发展中国特色社会主义的主力军。党的十七大提出的各项目标任务，对工人阶级进一步发挥主力军作用提出了新要求。在当代中国，工人阶级和广大劳动群众始终是推动我国经济社会发展、维护社会安定团结的根本力量。要实现党中央确定的宏伟目标，必须高度重视和充分发挥我国工人阶级和广大劳动群众的主力军作用。

三、关于劳模工作

劳动模范是民族的精英、国家的栋梁、社会的中坚、人民的楷模，是党和国家的宝贵财富。胡锦涛同志指出，“爱岗敬业、争创一流，艰苦奋斗、勇于创新，淡泊名利、甘于奉献的伟大劳模精神，是中国工人阶级崇高品格的生动体现，是我们时代的宝贵财富，是激励全国各族人民团结奋斗、勇往直前的强大精神力量”。胡锦涛同志号召要“进一步弘扬劳模精神，为激励全国各族人民团结奋斗凝聚强大精神力量”，“要在全社会广泛宣传劳动模范和先进工作者的先进事迹、优秀品质、高尚精神，给他们以应有的光荣和地位，推动全社会进一步尊重劳模、关心劳模、学习劳模，使劳模精神不断发扬光大。全党同志和全国人民都要以劳动模范和先进工作者为榜样，学习他们忠于党和人民的伟大情怀，学习他们坚信中国特色社会主义事业必胜的坚定信念，学习他们脚踏实地、埋头苦干的优良作风，坚定信心、振奋精神，立足本职、扎实工作，信心百倍地投身全面建设小康社会的伟大事业。广大劳动模范和先进工作者要珍惜荣誉、谦虚谨慎，发扬成绩、再接再厉，为党和人民再立新功”。

要在全社会大力弘扬劳模精神，用劳模的先进事迹感召人民群众，用劳模的优秀品质引领社会风尚，充分发挥劳模的骨干和带头作用，在全社会进一步形成崇尚劳模、学习劳模、争当劳模、关爱劳模的良好氛围。要进一步加强对劳模工作的领导，切实关心劳模的工作、学习、生活和健康，真诚帮助他们解决工作、学习、生活中的实际问题，为劳模发挥聪明才智、建功立业营造更好的环境和条件，更好地发挥劳模的作用。各级工会要怀着深厚的感情，做好劳模的服务和管理工作，认真听取他们的意见和建议，为他们提供实实在在的帮助和支持，做劳模的贴心人。

四、关于工会的性质和职责

胡锦涛同志指出："工会组织是党和政府联系职工群众的桥梁和纽带，是国家政权的重要社会支柱，是职工利益的代表者和维护者。新形势下，各级工会组织一定要适应新形势新任务，紧紧围绕党和国家工作大局，全面履行各项职能，扩大工作覆盖面，增强组织凝聚力，诚心诚意为广大职工群众服务，主动维护广大职工包括农民工合法权益，充分发挥组织职工、引导职工、服务职工、维护职工合法权益的重要作用，把党和政府的关怀和温暖送到广大劳动群众心坎上，最广泛最充分地把广大劳动群众的智慧和力量凝聚到落实到改革发展稳定的目标任务上来，不断开创工会工作新局面。"

关于工会组织的职责使命，党中央明确指出：我国正处在经济社会发展的重要战略机遇期，各级工会组织要积极发挥自身优势，找准服务党和国家工作大局的切入点和着力点，充分发挥组织职工、引导职工、服务职工、维护职工合法权益的重要作用，努力推动科学发展、维护职工权益、促进社会和谐，不断开创工会工作新局面。坚定不移地走中国特色社会主义工会发展道路、推动党的工运事业和工会工作的创新发展。

工会工作是党的群众工作的重要组成部分，各级党委和政府要进一步重视发挥工会组织的重要作用，支持工会依照法律和自己的章程开展工作。要把更多资源和手段赋予工会组织，把党政所需，职工所急，工会所能的事，更多地交给工会组织去办，不断扩大工会组织的社会影响，为工会事业发展创造更好环境。

五、关于工会充分履行维护劳动者合法权益的神圣职责

党中央非常重视劳动者权益维护工作。在劳动者权益方面，明确指出，保障工人阶级和广大劳动群众经济、政治、文化、社会权益是我国社会主义制度的根本要求，是党和国家的神圣职责，也是发挥工人阶级和广大劳动群众积极性、主动性、创造性最重要最基础的工作。提高劳动者素质是维护劳动者权益的重要基础之一。胡锦涛同志在讲话中多次指出，不断提高广大劳动群众的综合素质是实现人的全面发展的必然要求，是推动经济社会发展的重要保证。

充分履行维护劳动者合法权益的神圣职责，是中国工会为我国取得成功应对国际金融危机作出独特贡献的重要经验之一，也是做好后金融危机时期工会工作的重要指导思想。党中央强调，各级工会要把推动可持续发展，推动加快经济发展方式转变、踊跃投身全面建设小康社会、构建社会主义和谐社会伟大实践放在首位，全面准确把握中央关于加快经济发展方式转变的重大战略部署，大力弘扬中国工人阶级伟大品格，进一步提高劳动者队伍整体素质，不断激发劳动者积极性和创造性，在推动经济社会又好又快发展中充分发挥工人阶级主力军作用。要加大维权工作力度，努力保障和实现劳动者的劳动经济权益，依法落实劳动者的民主政治权利。要加大协调劳动关系力度，努力促进职工队伍和社会稳定。要加大帮扶力度，努力推动解决劳动者最关心最直接最现实的利益问题。

推动可持续发展实现体面劳动。胡锦涛同志指出："让各国广大劳动者实现体面劳动，是以人为本的要求，是时代精神的体现，也是尊重和保障人权的重要内容。"体面劳动意味着劳动者在生产性劳动中，他们的权益能够得到保护，有足够的收入，有充分的社会保障，有充分的就业岗位。中国工会应该充分发

挥会员人数众多、组织覆盖广泛的优势，在应对国际金融危机、保持经济平稳较快发展中发挥积极作用，努力推动可持续发展和实现体面劳动。实践证明，推动充分就业和体面劳动不仅有利于经济的可持续发展，同时也有利于维护劳动者权益，实现人力资源的可持续发展，从而推动人类社会的可持续发展。

第五节 中国特色社会主义工会发展道路

中国特色社会主义工会发展道路是对马克思主义工运理论的继承和发展，凝结着历届工会领导和广大工会干部的心血与智慧，深刻反映了中国工会的性质和特点，是工会组织和工会工作始终沿着正确方向前进的重要保证，是中国工运事业蓬勃发展的必由之路、成功之路、胜利之路。

一、中国特色社会主义工会发展道路的形成和发展

新民主主义革命时期，在党的领导下，我国早期工人领袖和工会组织把马克思主义与中国工人运动相结合，带领产业工人开展了波澜壮阔的革命运动。进入社会主义革命和建设时期，在党的领导下，我国工会又开始对自身建设和发展道路进行探索，取得了积极成果，奠定了中国特色社会主义工会发展道路的形成基础。改革开放和社会主义现代化建设新时期，在探索开辟中国特色社会主义道路的大背景下，各级工会认真贯彻落实党中央关于工人阶级和工会工作的重要指示精神，紧跟党的理论创新步伐，解放思想、实事求是、与时俱进，全面认识社会主义初级阶段的基本国情，准确把握中国工人阶级和工会组织的地位作用，深入研究社会主义市场经济条件下工会工作的特点和规律，在理论与实践上取得丰硕成果，最终确立了中国特色社会主义工会发展道路。

1993 年 10 月，江泽民同志在接见中国工会十二大主席团常务主席时发表重要讲话，明确要求要积极探索有中国特色社会主义工会工作的新路子。进入新世纪新阶段以来，在以胡锦涛同志为总书记的党中央坚强领导下，各级工会紧跟党的理论创新步伐，解放思想、实事求是、与时俱进，坚持以理论创新推动体制、工作创新，深入研究事关工会发展全局的重大理论和实践问题，准确把握新的历史条件下工会工作的特点和规律，在理论与实践上取得丰硕成果，最终确立了中国特色社会主义工会发展道路。中国工会十四大以来，在党中央的坚强领导下，在党的工运理论正确指导下，中国工会高举中国特色社会主义伟大旗帜，坚持中国特色社会主义道路、理论体系和制度，适应新世纪新阶段建设小康社会、构建社会主义和谐社会、开创中国特色社会主义新局面的新要求，以理论创新为先导，努力推动工会体制和工作创新，在理论和实践上不断丰富和发展。

2003 年 9 月召开的中国工会十四大，提出了反映长期以来工会工作特点和规律的八条主要经验，强调这是做好新世纪新阶段工会工作必须遵循的重要原则。2004 年 7 月召开的全国总工会十四届四次主席团（扩大）会议，时任中共中央政治局委员、全国人大常委会副委员长、中华全国总工会主席王兆国同志提出，搞好大调研和推动工会全局工作必须牢牢把握十条主要原则，要求深入研究社会主义市场经济条件下工会工作的特点和规律，不断探索中国特色社会主义工会工作新路子。2005 年 3 月，全国总工会机关保持共产党员先进性教育活动报告会首次提出了中国特色社会主义工会发展道路的概念；同年 7 月，全国总工会十四届六次主席团（扩大）会议，通过了《关于坚持走中国特色社会主义工会发展道路的决议》。2007 年 12 月召开的全国总工会十四届十四次主席团（扩大）会议提出，工会高举中国特色社会主义伟大旗帜，坚持中国特色社会主义道路和中国特色社会主义理论体系，就要坚持走中国特色社会主义工会发展道路。2008 年 10 月，中国工会十五大具体阐述了坚持走中国特色社会主义工会发展道路问题。2009 年 5 月，坚定不移地走中国特色社会主义工会发展道路理论与实践研讨会要求进一步准确把握中国特色社会主义工会发展道路的八个方面的基本内涵。2012 年 1 月召开的全国总工会十五届六次执委会议，进一步明确了中国特色社会主义工会发展道路的科学内涵，会议通过决议，要求在全国工会范围内学习宣传实践中国特色社会主义工会发展道路。

二、中国特色社会主义工会发展道路的主要内容

中国特色社会主义工会发展道路顺应时代潮流，符合中国国情，体现工会性质，科学回答了“走什么样的工会发展道路、建设什么样的工会”这一重大时代课题，使我们对新时期中国工会运动的认识升华到新的高度。

一是坚持自觉接受党的领导。这是中国工会的根本政治原则，也是中国工会区别于西方工会的显著标志。必须坚持以中国特色社会主义理论体系为指导，贯彻落实党的路线方针政策，服从服务于党和国家工作大局。坚持对党负责和对职工群众负责相统一，把坚持党的领导与独立自主创造性开展工作结合起来。坚决维护工人阶级团结和工会组织统一，坚持全国建立统一的中华全国总工会，绝不允许出现“第二工会”，始终做密切党和政府与职工群众联系的桥梁纽带。

二是坚持中国工会的社会主义性质。我国社会主义制度决定了中国工会的社会主义性质。必须坚持中国特色社会主义道路、理论、制度、文化，保持和增强工会组织和工会工作的政治性、先进性、群众性。认清中国工会与西方工会的本质区别，增强政治敏锐性和政治鉴别力，保持清醒头脑和正确方向。在

支持改革开放，推动国家治理体系和治理能力现代化，维护职工合法权益、促进社会公平正义等方面发挥积极作用，坚持和不断发展社会主义性质，始终做社会主义国家政权的重要社会支柱。

三是坚持发展工人阶级先进性。我国工人阶级是先进生产力和生产关系的代表，是推进中国特色社会主义伟大事业的主力军。必须推动党的全心全意依靠工人阶级方针的贯彻落实，倡导辛勤劳动、诚实劳动、创造性劳动，弘扬工人阶级伟大品格和“爱岗敬业、争创一流，艰苦奋斗、勇于创新，淡泊名利、甘于奉献”的伟大劳模精神，在全社会形成依靠主力军、建设主力军、发展主力军的浓厚氛围。充分发挥工会“大学校”作用，全面提高职工队伍的思想道德素质、科学文化素质和技术技能素质。保护好、调动好、发挥好职工群众的积极性、主动性、创造性，组织引导广大职工自觉投身全面建设社会主义现代化国家伟大实践，始终做团结动员广大职工充分发挥主力军作用的重要人民团体。

四是坚持构建和谐劳动关系。工会是发展和谐劳动关系的重要推动力量，承担着重要的社会责任。必须正确认识我国劳动关系的性质和特点，以规范有序、公正合理、互利共赢、和谐稳定为目标，把劳动关系的建立、运行、监督、调处都纳入法治轨道。坚持党政主导的和谐劳动关系构建格局，主动站在协调劳动关系第一线。坚持依照法律通过协商、协调、沟通的办法化解劳动关系矛盾。充分发挥政府与工会联席（联系）会议制度、协调劳动关系三方机制等作用，加强劳动合同制度、集体合同制度和职代会制度建设，深化创新厂务公开民主管理工作，推进职工董事职工监事制度，促进企业与职工协商共事、机制共建、效益共创、利益共享，始终做发展中国特色和谐劳动关系的重要社会力量。

五是坚持维护职工群众合法权益。维护职工合法权益、竭诚服务职工群众是工会的基本职责，代表和维护职工群众利益、竭诚为职工群众服务是工会一切工作的出发点和落脚点。必须把广大职工组织到党领导的工会中来，团结动员广大职工为实现党和国家的中心任务发挥主力军作用；切实维护职工群众的经济、政治、文化、社会权益，让广大职工共享改革发展成果。主动了解和帮助解决职工的实际困难和问题，变事后介入为事前参与；监督企业依法经营，引导职工理性合法表达利益诉求，把维权纳入规范化、制度化、法治化轨道；维权诉求应符合经济社会发展总体水平和企业生产经营状况，有利于扩大就业和提高职工工资收入，不简单照搬西方发达国家标准。组织引导职工做企业发展的主人，推动企业主动保障职工的合法权益，把企业建设成为企业和职工的利益共同体、事业共同体、命运共同体。推动党政主导的维护职工群众权益机制建设，促进利益协调机制、诉求表达机制、矛盾调处机制、权益保障机制的建立和完善，把维护全国人民总体利益与维护职工群众具体利益结合起来，把维权工作贯穿于推动改革、促进发展、积极参与、大力帮扶的全过程，始终做职工合法权益的代表者和维护者。

六是坚持完善社会主义劳动法律体系。我国劳动法律法规是中国特色社会主义法律体系的重要组成部分，《工会法》、《劳动法》、《劳动合同法》等一系列劳动法律法规为履行工会各项职能、实现职工全面发展提供了法制保障。必须立足国情和工会工作实践，代表和组织职工加强立法参与，积极推动劳动法律法规的制定实施，从制度上、源头上维护职工各项权益，保障职工当家作主的权利。主动加大工会劳动法律监督力度，积极配合人大、政府、政协加强劳动法律执法检查、监察和视察工作，推动实现有法必依、执法必严、违法必究。大力开展法治宣传教育，使职工群众和工会干部增强法治观念，尊法学法守法用法；充分运用法律武器履行工会职责，加强法律援助工作，把法律赋予的权利用好用足。

七是坚持推动形成国际工运新秩序。工会对外工作是工会全局工作的重要组成部分，是国家民间外交的重要方面。必须高举和平、发展、合作、工人权益的旗帜，遵循独立自主、互相尊重、求同存异、加强合作、增进友谊的方针，加强与国际、地区和各国工会的交往、交流与合作，切实维护我国国家利益和职工权益。服从服务于国家总体外交和工会全局工作，坚持学习不照搬、借鉴不接轨，拓展中国工会国际舞台，扩大中国工会国际影响，提高中国工会国际地位，始终做推动形成公正合理、民主和谐国际工运新秩序的积极力量。

八是坚持以改革创新精神加强自身建设。加强自身建设是工会工作创新发展的强大动力，必须大力加强工会政治建设、思想建设、组织建设、作风建设、纪律建设、制度建设，充分激发工会组织特别是基层工会生机活力，提高工会服务社会和谐、服务职工群众的能力本领。结合实际创新工会组织体制、运行机制和活动方式，建设学习型、服务型、创新型工会，使工会工作更好地体现时代性、把握规律性、富于创造性，始终做广大职工信赖的“职工之家”。

这八个方面相互联系、有机结合，构成了中国特色社会主义工会发展道路的基本框架，是一个逻辑严谨、密不可分的完整理论。其核心是坚持自觉接受党的领导，根本是坚持工会的社会主义性质，关键是坚持维护职工群众合法权益。

三、努力使中国特色社会主义工会发展道路越走越宽广

坚持和拓展中国特色社会主义工会发展道路，是党和国家赋予工会组织的光荣职责，也是一项长期而艰巨的任务。2013

年 4 月 28 日，习近平总书记在同全国劳动模范代表座谈时强调，中国特色社会主义工会发展道路是中国特色社会主义道路的重要组成部分，指出这条道路深刻反映了中国工会的性质和特点，是工会组织和工会工作始终沿着正确方向前进的重要保证。2013 年 10 月 23 日，习近平总书记在同全国总工会新一届领导班子成员集体谈话时强调，坚持党的领导，就要坚持中国特色社会主义工会发展道路，保持战略定力，增强坚持和拓展这条道路的责任心和使命感，不为任何风险所惧、不为任何干扰所惑，勇于实践、勇于创新，努力使这条道路越走越宽广。2015 年 4 月 28 日，习近平总书记在庆祝“五一”国际劳动节暨表彰全国劳动模范和先进工作者大会上提出，希望各级工会组织和广大工会干部坚定不移走中国特色社会主义工会发展道路，坚守工会工作的主战场，狠抓工会工作的中心任务，模范履行工会组织的政治责任，更好发挥工会组织作用。这些重要论述，为我们坚持和拓展中国特色社会主义工会发展道路，提供了科学依据和思想武器。

这条道路，来之不易，弥足珍贵。各级工会组织和广大工会干部作为这条道路的实践主体，要倍加珍惜，保持战略定力，增强坚持和拓展这条道路的责任心和使命感，按照党中央关于坚持和拓展中国特色社会主义工会发展道路的要求，深刻理解坚持和拓展这条道路的历史必然性和现实必要性，坚定信念、增强信心，立足实际、勇于实践，不断开辟中国特色社会主义工会发展道路的新境界。

要深入学习中国特色社会主义工会发展道路。坚持把思想理论建设放在首位，以习近平新时代中国特色社会主义思想为指导，深入学习贯彻习近平总书记关于工人阶级和工会工作的重要论述，准确把握工会发展道路的科学内涵、精神实质和基本要求、目标任务，把握道路蕴含的马克思主义立场、观点、方法，始终保持鲜明的立场、坚定的信念和清醒的头脑，深刻认识这条道路对于做好新时代工会工作、发展党的工运事业的重要意义。

要广泛宣传中国特色社会主义工会发展道路。宣传这条道路形成的时代背景，宣传这条道路的科学内涵，宣传坚持这条道路的理论价值和实践意义，宣传坚持这条道路的新鲜经验和先进典型，形成浓厚舆论氛围，使广大工会干部在思想上形成共识，不断巩固坚持这条道路的思想基础。紧密联系改革发展实际，紧密联系职工群众实际，紧密联系经济关系、劳动关系实际，从理论与实践、国际与国内、历史与现实的结合上，充分运用工会系统内宣传教育阵地、平台和社会主流媒体、新媒体，对这条道路作全面透彻的阐释、深入浅出的解读、通俗易懂的宣讲，扩大宣传范围，强化宣传效果。推动国际、地区工会组织和各国工会正确认识中国工会，进一步扩大中国工会的国际影响。

要积极实践中国特色社会主义工会发展道路。加大理论探索和创新实践力度，从新时代对工会工作提出的新任务新要求出发，结合我国当前经济社会和劳动关系以及职工队伍发展变化的新特点，着眼于马克思主义工运理论的应用，着眼于工会工作实践的理论思考，着眼于新的实际和新的发展，解放思想、实事求是，自觉运用马克思主义的立场、观点和方法，坚持继承与创新相结合、理论与实践相结合，不断深化对经济关系和劳动关系发展规律、工人阶级队伍发展规律、工人运动和工会工作发展规律的认识，增强走中国特色社会主义工会发展道路的本领能力。坚持理论联系实际，把坚持走这条道路同研究解决职工群众最关心最直接最现实的利益问题结合起来，同研究解决工会工作和自身建设中的突出问题结合起来，积极探索、科学回答关系工会工作发展的重大理论和实践问题，进一步探索和把握新形势下工会工作的特点与规律，积极破解构建和谐劳动关系、维护职工合法权益、加强工会组织建设、激发基层工会活力等方面的突出问题，推动工会组织体制、运行机制、活动方式、工作方法创新。

思考题：

1. 中国共产党关于工人阶级和工会理论的主要内容是什么？
2. 谈谈如何坚持和不断拓展中国特色社会主义工会发展道路。

第三章　习近平总书记关于工人阶级和工会工作的重要论述

党的十八大以来，中国特色社会主义进入新时代。以习近平同志为核心的党中央高度重视工会工作、真挚关怀工人阶级，亲自谋划部署，为党的工运事业和工会工作指明了前进方向和奋斗目标。习近平总书记关于工人阶级和工会工作的重要论述，是习近平新时代中国特色社会主义思想的重要组成部分，科学回答了新时代工运事业和工会工作举什么旗、走什么路、达到什么目标等一系列方向性、根本性、战略性重大问题，具有强大的思想力量、巨大的引领作用、磅礴的实践伟力，为新时代工运事业和工会工作创新发展提供了根本遵循，是各级工会组织和广大工会干部的强大思想武器。

第一节　习近平总书记关于工人阶级和工会工作的重要论述的形成发展

习近平总书记从党和国家事业发展全局出发，从巩固党长期执政的阶级基础和群众基础着眼，高度重视和大力推进党的工运事业和工会工作，多次围绕工人阶级和工会工作发表重要讲话、作出重要指示，形成了习近平总书记关于工人阶级和工会工作的重要论述。

2013 年 4 月 28 日，习近平总书记来到全国总工会机关，同全国劳动模范代表座谈并发表重要讲话，强调人民创造历史，劳动开创未来。实现我们的奋斗目标，开创我们的美好未来，必须紧紧依靠人民、始终为了人民，必须依靠辛勤劳动、诚实劳动、创造性劳动，必须充分发挥我国工人阶级的重要作用，焕发他们的历史主动精神，调动劳动和创造的积极性。

2013 年 10 月 23 日，习近平总书记同全国总工会新一届领导班子成员集体谈话，强调我国工人运动的时代主题，是为实现中华民族伟大复兴的中国梦而奋斗。工会要牢牢抓住这个主题，把推动科学发展、实现稳中求进作为发挥作用的主战场，把做好新形势下职工群众工作、调动职工群众积极性和创造性作为中心任务，把巩固党执政的阶级基础和群众基础作为政治责任，竭诚为职工群众服务，切实维护职工群众权益，不断焕发工会组织的生机活力。

2014 年 4 月 30 日，习近平总书记在乌鲁木齐接见劳动模范和先进工作者、先进人物代表，向全国广大劳动者致以“五一”节问候，指出劳动是一切成功的必经之路，实现我们确立的奋斗目标，归根到底要靠辛勤劳动、诚实劳动、科学劳动。要在全社会大力弘扬劳动光荣、知识崇高、人才宝贵、创造伟大的时代新风，促使全体社会成员弘扬劳动精神，推动全社会热爱劳动、投身劳动、爱岗敬业，为改革开放和社会主义现代化建设贡献智慧和力量。

2014 年 9 月 8 日，习近平总书记在全国总工会党组关于加强基层工会建设调研情况的报告上作出重要批示，指出要从巩固党执政的阶级基础和群众基础的高度出发，始终坚持正确方向，不断创新工作方法，着力扩大覆盖面、增强代表性，着力强化服务意识、提高维权能力，着力加强队伍建设、提升保障水平，切实增强工会组织的凝聚力，引导广大职工群众坚定跟党走，通过劳动创造更加美好的生活，为实现中华民族伟大复兴的中国梦添砖加瓦。

2015年4月28日，习近平总书记在庆祝“五一”国际劳动节暨表彰全国劳动模范和先进工作者大会上发表重要讲话，明确指出，在前进道路上，要始终弘扬劳模精神、劳动精神，为中国经济社会发展汇聚强大正能量；要始终坚持人民主体地位，充分调动工人阶级和广大劳动群众的积极性、主动性、创造性；要始终实现好、维护好、发展好最广大人民根本利益，让改革发展成果更多更公平惠及人民；要始终高度重视提高劳动者素质，培养宏大的高素质劳动者大军。工会组织要坚持自觉接受党的领导的优良传统，坚决履行维护职工合法权益的基本职责，坚持把群众路线作为工会工作的生命线和根本工作路线，自觉运用改革精神谋划推进工会工作，发挥民间外交优势。

2015年7月6日，习近平总书记在中央党的群团工作会议上发表重要讲话，对加强和改进新形势下党的群团工作提出明确要求，要切实保持和增强党的群团工作的政治性、先进性、群众性；要自觉践行党的群众路线，满腔热情做好服务群众工作；要坚持德才兼备、以德为先，全面加强群团干部队伍建设。各级党委必须从党和国家工作大局出发，切实加强和改进对党的群团工作的领导，强化管好用好群团组织的责任担当，深入把握党的群团工作规律，完善党委领导群团组织的制度。

2015年11月9日，习近平总书记主持召开中央全面深化改革领导小组第十八次会议强调，推进党的群团改革，必须紧紧围绕保持和增强政治性、先进性、群众性这条主线，强化问题意识、改革意识，着力解决突出问题，把群团组织建设得更加充满活力、更加坚强有力。

2016年4月26日，习近平总书记在知识分子、劳动模范、青年代表座谈会上发表重要讲话，明确指出全面建成小康社会，我国亿万劳动群众是主体力量。希望我国广大劳动群众以劳动模范为榜样，爱岗敬业、勤奋工作，锐意进取、勇于创造，不断谱写新时代的劳动者之歌。

2016 年 10 月 10 日，习近平总书记在全国国有企业党的建设工作会议上发表重要讲话，强调坚持全心全意依靠工人阶级的方针，是坚持党对国有企业领导的内在要求。要健全以职工代表大会为基本形式的民主管理制度，推进厂务公开、业务公开，落实职工群众知情权、参与权、表达权、监督权，充分调动工人阶级的积极性、主动性、创造性；企业在重大决策上要听取职工意见，涉及职工切身利益的重大问题必须经过职代会审议；要坚持和完善职工董事制度、职工监事制度，鼓励职工代表有序参与公司治理。

2017 年 2 月 6 日，习近平总书记主持召开中央全面深化改革领导小组第三十二次会议，明确指出工人阶级是我国的领导阶级，产业工人是工人阶级的主体力量。要从巩固党的执政基础的高度，从促进我国经济社会持续健康发展的高度，加快产业工人队伍建设改革，坚持全心全意依靠工人阶级的方针，按照“政治上保证、制度上落实、素质上提高、权益上维护”的总体思路，针对影响产业工人队伍发展的突出问题，创新体制机制，提高产业工人素质，畅通发展通道，依法保障权益，造就一支有理想守信念、懂技术会创新、敢担当讲奉献的宏大的产业工人队伍。

2017 年 8 月 22 日，习近平总书记作出重要指示，指出党的群团工作是党的一项十分重要的工作，群团改革是全面深化改革的重要任务。2015 年，党中央召开群团工作会议，对党的群团工作和群团改革作出全面部署。两年来，群团改革取得积极成效，成绩值得肯定。要认真总结经验，继续统一思想、抓好落实，切实把党中央对群团工作和群团改革的各项要求落到实处。要推动各群团组织结合自身实际，紧紧围绕增强“政治性、先进性、群众性”，直面突出问题，采取有力措施，敢于攻坚克难，注重夯实群团工作基层基础。中央书记处要加强对群团改革的指导，中央改革办要加强对群团改革方案落实的督察，各级党委要负起组织推进群团改革的责任，正确把握方向，及时了解情况，认真解决难题，以改革推动群团组织提高工作和服务水平，努力开创党的群团工作新局面。

2017 年 10 月 18 日，习近平总书记在中国共产党第十九次全国代表大会上的报告，贯穿以人民为中心的发展思想，对工人阶级和工会工作等方面作出重要论述，提出一系列重大举措，涉及坚持以人民为中心、工人阶级的历史使命、健全人民当家作主制度体系、产业工人队伍建设改革、加强和改进思想政治工作、保障和改善民生、构建和谐劳动关系、加强预防和化解社会矛盾机制建设、工会组织改革创新、提升各级领导干部的专业素质和能力等方面，对新时代工人阶级发挥主力军作用提出了更高要求，对扎实推进党的工运事业和工会工作指明了前进方向。

2018 年 4 月 30 日，习近平总书记给中国劳动关系学院劳模本科班学员回信，向他们并向全国所有劳动模范、全国广大劳动者致以节日的问候，对发挥劳模作用、激励广大劳动群众争做新时代奋斗者发出号召。习近平总书记强调："社会主义是干出来的，新时代也是干出来的。希望你们珍惜荣誉、努力学习，在各自岗位上继续拼搏、再创佳绩，用你们的干劲、闯劲、钻劲鼓舞更多的人，激励广大劳动群众争做新时代的奋斗者。""劳动最光荣、劳动最崇高、劳动最伟大、劳动最美丽。全社会都应该尊敬劳动模范、弘扬劳模精神，让诚实劳动、勤勉工作蔚然成风。"

2018 年 10 月 29 日，习近平总书记同全国总工会新一届领导班子成员集体谈话，强调新时代属于每一个人，每一个人都是新时代的见证者、开创者、建设者。完成党的十九大提出的目标任务，必须充分发挥工人阶级主力军作用。强调劳动模范是民族的精英、人民的楷模。大国工匠是职工队伍中的高技能人才。体现在他们身上的劳模精神、劳动精神、工匠精神，是伟大民族精神的重要内容。工会要协同各个方面为劳动模范、大国工匠发挥作用搭建平台、提供舞台，为劳模、工匠传承技能、传承精神创造条件，培养造就更多劳动模范、大国工匠。

2020 年 4 月 30 日，习近平总书记给郑州圆方集团全体职工回信，强调面对这次突如其来的疫情，从一线医务人员到各个方面参与防控的人员，从环卫工人、快递小哥到生产防疫物资的工人，千千万万劳动群众在各自岗位上埋头苦干、默默奉献，汇聚起了战胜疫情的强大力量。希望广大劳动群众坚定信心、保持干劲，弘扬劳动精神，克服艰难险阻，在平凡岗位上续写不平凡的故事，用自己的辛勤劳动为疫情防控和经济社会发展贡献更多力量。

2020 年 11 月 24 日，习近平总书记在全国劳动模范和先进工作者表彰大会上发表重要讲话，强调光荣属于劳动者，幸福属于劳动者。社会主义是干出来的，新时代是奋斗出来的。劳动模范是民族的精英、人民的楷模，是共和国的功臣。要大力弘扬劳模精神、劳动精神、工匠精神。劳模精神、劳动精神、工匠精神是以爱国主义为核心的民族精神和以改革创新为核心的时代精神的生动体现，是鼓舞全党全国各族人民风雨无阻、勇敢前进的强大精神动力。要充分发挥工人阶级和广大劳动群众主力军作用。工人阶级是我国的领导阶级，是先进生产力和生产关系的代表，是坚持和发展中国特色社会主义的主力军。我国工人阶级和广大劳动群众要坚定不移听党话、矢志不渝跟党走，当好主人翁，建功新时代。要努力建设高素质劳动大军。劳动者素质对一个国家、一个民族发展至关重要。我国工人阶级和广大劳动群众要树立终身学习的理念，养成善于学习、勤于思考的习惯，实现学以养德、学以增智、学以致用。要切实实现好、维护好、发展好劳动者合法权益。要坚持以人民为中心的发展思想，维护好工人阶级和广大劳动群众合法权益，不断提升工人阶级和广大劳动群众的获得感、幸福感、安全感。

2021 年 4 月 30 日，在“五一”国际劳动节到来之际，习近平总书记向全国广大劳动群众致以节日的祝贺和诚挚的慰问，强调劳动创造幸福，实干成就伟业。希望广大劳动群众大力弘扬劳模精神、劳动精神、工匠精神，勤于创造、勇于奋斗，更好发挥主力军作用，满怀信心投身全面建设社会主义现代化国家、实现中华民族伟大复兴中国梦的伟大事业。

2022 年 4 月 27 日，习近平总书记向首届大国工匠创新交流大会致贺信，强调技术工人队伍是支撑中国制造、中国创造的重要力量。我国工人阶级和广大劳动群众要大力弘扬劳模精神、劳动精神、工匠精神，适应当今世界科技革命和产业变革的需要，勤学苦练、深入钻研，勇于创新、敢为人先，不断提高技术技能水平，为推动高质量发展、实施制造强国战略、全面建设社会主义现代化国家贡献智慧和力量。各级党委和政府要深化产业工人队伍建设改革，重视发挥技术工人队伍作用，使他们的创新才智充分涌流。

2022 年 10 月 16 日，习近平总书记在中国共产党第二十次全国代表大会的报告中作出了一系列重大部署，对工人阶级和工会工作提出了新要求。报告指出，我国是工人阶级领导的、以工农联盟为基础的人民民主专政的社会主义国家；要全心全意依靠工人阶级，健全以职工代表大会为基本形式的企事业单位民主管理制度，维护职工合法权益；强调发展全过程人民民主，保障人民当家作主，统筹推进政党协商、人大协商、政府协商、政协协商、人民团体协商、基层协商以及社会组织协商；强调坚持尊重劳动、尊重知识、尊重人才、尊重创造，在全社会弘扬劳动精神、奋斗精神、奉献精神、创造精神、勤俭节约精神，努力培养造就更多大师、战略科学家、一流科技领军人才和创新团队、青年科技人才、卓越工程师、大国工匠、高技能人才；强调注重从青年和产业工人、农民、知识分子中发展党员；发挥党和国家功勋荣誉表彰的精神引领、典型示范作用，推动全社会见贤思齐、崇尚英雄、争做先锋；强调增进民生福祉，提高人民生活品质，紧紧抓住人民最关心最直接最现实的利益问题，着力解决好人民群众急难愁盼问题，扎实推进共同富裕；强调坚持多劳多得，鼓励勤劳致富，促进机会公平，增加低收入者收入，扩大中等收入群体；强调健全就业公共服务体系，破除妨碍劳动力、人才流动的体制和政策弊端，消除影响平等就业的不合理限制和就业歧视，使人人都有通过勤奋劳动实现自身发展的机会；强调统筹职业教育、高等教育、继续教育协同创新，推进职普融通、产教融合、科教融汇，优化职业教育类型定位；健全终身职业技能培训制度，推动解决结构性就业矛盾；完善促进创业带动就业的保障制度，支持和规范发展新就业形态；强调完善基本养老保险全国统筹制度，发展多层次、多支柱养老保险体系；扩大社会保险覆盖面，健全基本养老、基本医疗保险筹资和待遇调整机制，推动基本医疗保险、失业保险、工伤保险省级统筹；强调健全劳动法律法规，完善劳动关系协商协调机制，完善劳动者权益保障制度，加强灵活就业和新就业形态劳动者权益保障；强调坚定不移贯彻总体国家安全观，确保国家安全和社会稳定，严厉打击敌对势力渗透、破坏、颠覆、分裂活动；强调提高公共安全治理水平，推进安全生产风险专项整治，加强重点行业、重点领域安全监管；强调完善社会治理体系，在社会基层坚持和发展新时代“枫桥经验”，畅通和规范群众诉求表达、利益协调、权益保障通道，及时把矛盾纠纷化解在基层、化解在萌芽状态；强调深化工会、共青团、妇联等群团组织改革和建设，有效发挥桥梁纽带作用。这些新部署新要求，涉及亿万职工的切身利益，充分体现了我们党坚持以人民为中心的发展思想，体现了以习近平同志为核心的党中央对工人阶级和广大劳动群众的关心关爱，对工运事业和工会工作的高度重视，为我们做好新时代新征程工会各项工作指明了方向、提供了遵循。

第二节　习近平总书记关于工人阶级和工会工作的重要论述的基本内涵

习近平总书记关于工人阶级和工会工作的重要论述的基本内涵主要是“八个坚持”，深刻阐明了工会工作的地位作用、目标任务、实践要求，内涵丰富、思想深刻，系统全面、博大精深，构成了一个逻辑严密的有机整体。

一、坚持党对工会工作的领导

习近平总书记强调，工会工作做得好不好、有没有取得明显成效，关键看有没有坚持正确政治方向。坚持正确政治方向，就是要坚持中国共产党领导和我国社会主义制度。工会要永远保持自觉接受党的领导这一优良传统。在坚持党的领导这个根本问题上，工会必须旗帜鲜明、立场坚定，全国总工会更要带好头、站好位，决不能含糊。

党把领导工人运动、指导工会工作作为重要任务，工会始终自觉坚持党的领导，以党的旗帜为旗帜，以党的纲领为纲领，与党同心同德、同向同行。1921 年，我们党成立后通过的第一个决议，就明确党的基本任务是成立“产业工会”，强调“党应在工会里灌输阶级斗争的精神”。党先后成立中国劳动组合书记部、中共中央职工运动委员会等机构，加强对工人运动和工会工作的领导，有力保证了党的领导的落实。新中国成立前召开的历届全国劳动大会，新中国成立后召开的历届中国工会全国代表大会，都得到党的坚强领导和全力支持。社会主义革命和建设时期，党领导制定有关法律、制度、政策等，确立和保障工会在国家政治、经济和社会生活中的地位。1950 年制定的《工会法》，是新中国最早实施的三部基本法律之一。改革开放和社会主义现代化建设新时期，1989 年 12 月，中共中央印发《关于加强和改善党对工会、共青团、妇联工作领导的通知》，为工会开展工作提供了重要遵循。1992 年 4 月，修订后的《工会法》把党对工会的领导及其方针、政策法律化，党对工会的领导得到进一步加强。党的十八大以来，进入中国特色社会主义新时代，习近平总书记鲜明提出，坚持党的领导，是做好党的群团工作的根本保证，是必须坚持的正确政治方向。2015 年 1 月 8 日，中共中央印发《关于加强和改进党的群团工作的意见》；7 月 6 日，党中央首次召开中央党的群团工作会议，习近平总书记深刻阐明了党的群团工作一系列重大理论和实践问题；2017 年 10 月，党的十九大对推动工会等群团组织增强政治性、先进性、群众性作出明确部署，党对工会工作的领导得到全面加强。

中国现代工人运动是在中国共产党直接领导下发展起来的，中国工会自诞生之日起就将自己同党的事业紧密相连，团结动员广大工人群众为实现党的纲领而不懈奋斗。1925 年 5 月 1 日，党发起召开第二次全国劳动大会，宣告中华全国总工会正式成立。从 1925 年到现在，无论是在风雨如磐的革命年代、如火如荼的建设时期，还是在激越奋进的改革开放征程上，中华全国总工会和各级工会组织始终紧紧团结在中国共产党的周围，动员广大职工群众围绕党的纲领和不同历史时期确立的中心任务，前仆后继、奋勇拼搏，艰苦奋斗、建功立业，谱写了壮丽的篇章。历史实践充分证明，始终坚持党的领导是做好工会工作的根本保证。如果没有或者离开党的领导，工人阶级就会成为一盘散沙，工会就会陷入在黑暗中摸索。只有在工人阶级的先锋队——中国共产党领导下，把党的理论和路线方针政策贯彻落实到工会工作各方面、全过程，工运事业才能牢牢把握正确的政治方向，才能生机勃勃向前发展。

工会所有活动最终都要体现到教育引导职工群众自觉坚持党的领导和社会主义制度上来。如果通过工会扎实有效的工作，把坚持党的领导和社会主义制度落实到广大职工群众中去，生根发芽，落地开花，那工会工作在政治上就是合格的。对工会组织来说，把职工群众最广泛最紧密地团结在党的周围，工会工作就是做得好，反之就是做得不好。这是工会组织同一般社会组织的根本区别，也应该成为衡量工会组织工作做得好不好的政治标准。如果口号喊得很响，实际上不落实，流于形式，那也不能算是坚持了党的领导，至少是坚持得不好、不得力。工会要在党的领导下，积极主动、富有特色、创造性地开展工作，充分发挥党联系职工群众的桥梁纽带作用，把广大职工和自己的先锋队紧密联系在一起。

在坚持党的领导这个根本问题上，工会必须旗帜鲜明、立场坚定。新的征程上，各级工会要进一步提升政治站位，不断深化对“两个确立”决定性意义的认识，切实增强“四个意识”、坚定“四个自信”、做到“两个维护”，提高政治判断力、政治领悟力、政治执行力，牢记“国之大者”，始终在思想上政治上行动上同以习近平同志为核心的党中央保持高度一致。要切实肩负起加强职工思想政治引领的政治责任，引导广大职工群众知史爱党、知史爱国，进一步增强对党的伟大、光荣、正确的认知，更加紧密地团结在以习近平同志为核心的党中央周围，坚定不移听党话、感党恩、跟党走，永远做党最坚实的依靠力量和最牢固的阶级基础、群众基础。要不断完善坚持党的领导的体制机制，加强对党中央负责、向党中央请示报告的制度安排，健全全国总工会党组向党中央请示报告工作制度、各级工会向同级党委请示报告工作制度，健全落实工会干部双重领导制度，切实把党的路线方针政策和决策部署贯彻落实到工会各项工作中去，把党的意志和主张落实到广大职工中去。

二、坚持全心全意依靠工人阶级

习近平总书记强调，工人阶级是我国的领导阶级，是我国先进生产力和生产关系的代表，是我们党最坚实最可靠的阶级基础，是全面建成小康社会、坚持和发展中国特色社会主义的主力军。坚持和发展中国特色社会主义，必须全心全意依靠工人阶级、巩固工人阶级的领导阶级地位，充分发挥工人阶级的主力军作用。

中国共产党自成立以来，始终把工人阶级作为自己最坚实最可靠的阶级基础。1919 年，五四运动爆发，中国工人阶级以独立的姿态登上历史舞台。1921 年，中国共产党诞生，作为工人阶级先锋队，带领工人阶级实现了从自在阶级向自为阶级的转变。在革命战争年代，广大工人群众坚决贯彻党的方针，发扬大无畏的革命精神，同帝国主义、封建主义、官僚资本主义进行针锋相对、不屈不挠的英勇斗争，为夺取新民主主义革命胜利谱写了气壮山河的壮丽篇章。1949 年 3 月，党的七届二中全会明确提出全心全意依靠工人阶级方针。新中国成立后，工人阶级为迅速医治战争创伤、恢复和发展国民经济，确立社会主义制度，加快社会主义建设，建立起独立的比较完整的工业体系和国民经济体系，付出了艰苦卓绝的努力，创造了可歌可泣的业绩。在改革开放的历史进程中，工人阶级坚决拥护党的理论和路线方针政策，坚定走在时代发展最前列，立足本职、开拓创新，在推动科学发展、促进社会和谐中充分发挥了工人阶级主力军作用。坚持全心全意依靠工人阶级，充分发挥工人阶级主力军作用，把广大职工群众紧紧团结在党和政府周围，这是我们党的一个突出政治优势，也是中国特色社会主义的一个鲜明特点。

党的十八大以来，我们党把全心全意依靠工人阶级方针贯彻到党和国家政策制定、工作推进全过程，落实到企业生产经营各方面。工人阶级以高度的主人翁使命感和历史责任感，以伟大的创造力量为实现中国梦而奋斗，坚持中国道路，弘扬中国精神，凝聚中国力量，在实现中国梦伟大进程中拼搏奋斗、争创一流、勇攀高峰，为决胜全面建成小康社会、决战脱贫攻坚发挥了主力军作用，用智慧和汗水营造了劳动光荣、知识崇高、人才宝贵、创造伟大的社会风尚，谱写了“中国梦·劳动美”的新篇章。工人阶级自身也历经锻造、千锤百炼，规模不断扩大，思想道德素质不断提高，科学文化和技术技能素质明显提升，利益得到进一步实现，主人翁地位得到加强，社会地位不断提高，涌现出一批劳动模范、大国工匠等闪光群体，奏响了“咱们工人有力量”的时代主旋律。

2017 年 2 月 6 日，习近平总书记主持召开中央全面深化改革领导小组第三十二次会议，审议通过《新时期产业工人队伍建设改革方案》，明确提出要把产业工人队伍建设作为实施科教兴国战略、人才强国战略、创新驱动发展战略的重要支撑和基础保障，纳入国家和地方经济社会发展规划，造就一支有理想守信念、懂技术会创新、敢担当讲奉献的宏大的产业工人队伍，为推进产业工人队伍建设改革提供了基本遵循和行动指南。产业工人队伍建设改革是习近平总书记亲自点题、亲自部署、亲自指导的一项重大改革，是以习近平同志为核心的党中央着眼于巩固党的执政基础、实施制造强国战略、全面提高产业工人素质作出的重大决策部署，事关改革发展稳定大局，事关国家和民族的长远大业，事关产业工人的根本利益和整体利益，充分体现了党中央对包括产业工人在内的工人阶级的高度重视和巨大关怀，释放了我们党始终坚持以人民为中心的发展思想和全心全意依靠工人阶级方针的强烈信号。各级工会要贯彻落实习近平总书记关于产业工人队伍建设改革的重要指示，履行牵头抓总职责，主动争取党政重视支持，全面落实产业工人思想引领、建功立业、素质提升、地位提高、队伍壮大等改革措施，加快打造一支宏大的知识型、技能型、创新型高素质产业工人大军，最大限度凝聚起共同奋斗的力量，为实现第二个百年奋斗目标建功立业。

不论时代怎样变迁，不论社会怎样变化，全心全意依靠工人阶级的方针都不能忘记、不能淡化，工人阶级地位和作用都不容动摇、不容忽视。新的征程上，要把全心全意依靠工人阶级方针贯彻到党和国家政策制定、工作推进全过程，落实到企业生产经营各方面，做到在政治上保证、制度上落实、素质上提高、权益上维护，更好地把广大职工群众紧紧团结在党和政府周围。保障广大职工的政治地位和民主权利，推进协商民主广泛多层制度化发展，畅通职工源头参与渠道，保障和不断发展广大职工依法、有序、广泛参与管理国家事务和社会事务、管理经济和文化事业。加强与广大职工相关的法律法规的制定和修改工作，从政策、制度等方面维护职工合法权益。宣传工人阶级的地位作用和重要贡献，使劳动光荣、技能宝贵、创造伟大的时代风尚更加浓厚，增强工人阶级为实现党确定的宏伟目标共同奋斗的责任感使命感。

三、坚持为实现中华民族伟大复兴的中国梦而奋斗

习近平总书记指出，我国工人运动的时代主题，是为实现

中华民族伟大复兴的中国梦而奋斗。工会要牢牢抓住这个主题，把推动科学发展、实现稳中求进作为发挥作用的主战场。我国广大职工要牢牢把握为实现中国梦而奋斗的时代主题，把自身前途命运同国家和民族前途命运紧紧联系在一起，把个人梦同中国梦紧密联系在一起，把实现党和国家确立的发展目标变成自己的自觉行动。

2012 年 11 月 29 日，党的十八大刚刚闭幕不久，习近平总书记在参观《复兴之路》展览时指出："现在，我们比历史上任何时期都更接近中华民族伟大复兴的目标，比历史上任何时期都更有信心、有能力实现这个目标。""现在，大家都在讨论中国梦，我以为，实现中华民族伟大复兴，就是中华民族近代以来最伟大的梦想。"此后，他又在十二届全国人大一次会议上系统阐发了这个思想，在同全国劳动模范代表、各界优秀青年代表座谈时，在出访和接受国外媒体采访等很多重要场合，对中国梦进行了深刻阐述。习近平总书记指出，"中国梦是一种形象的表达，是一个最大公约数，是一种为群众易于接受的表述，核心内涵是中华民族伟大复兴"，"基本内涵是实现国家富强、民族振兴、人民幸福"。他强调，"中国梦归根到底是人民的梦"，"人民对美好生活的向往，就是我们的奋斗目标"。在庆祝中国共产党成立一百周年大会上，习近平总书记强调："一百年来，中国共产党团结带领中国人民进行的一切奋斗、一切牺牲、一切创造，归结起来就是一个主题：实现中华民族伟大复兴。"习近平总书记的这些重要论述，深刻揭示了中国梦的丰富内涵、内在逻辑和价值追求。中国梦生动形象表达了全体中国人民的共同理想追求，为坚持和发展中国特色社会主义注入新的内涵和时代精神。

2013 年 4 月 28 日，习近平总书记亲临全国总工会机关，同来自全国各地、各行各业的全国劳动模范代表座谈，同庆"五一”节，共话中国梦。2013年10月18日，中国工会十六大报告，明确提出了为实现中华民族伟大复兴的中国梦而奋斗这个我国工人运动的时代主题。10月23日，习近平总书记与全国总工会新一届领导班子成员集体谈话，充分肯定了中国工会十六大确定的为实现中华民族伟大复兴的中国梦而奋斗的工人运动时代主题。2018年10月22日，中国工会十七大再次明确，为实现中华民族伟大复兴的中国梦而奋斗是我国工人运动的时代主题，并将其作为习近平总书记关于工人阶级和工会工作的重要论述“八个坚持”中的重要组成部分。2020年11月24日，习近平总书记在全国劳动模范和先进工作者表彰大会上指出，要发扬优良传统，承担历史使命，把党和国家确定的奋斗目标作为自己的人生目标，以民族复兴为己任，自觉把人生理想、家庭幸福融入国家富强、民族振兴的伟业之中，做新时代的追梦人。将为实现中华民族伟大复兴的中国梦而奋斗确立为我国工人运动的时代主题，既体现了我国工人运动围绕党的中心任务而奋斗的优良传统，也体现了我国工人运动与时俱进的时代性、工人阶级和工会组织的先进性，为新时代我国工人运动指明了前进方向。

党的十九届六中全会审议通过的《中共中央关于党的百年奋斗重大成就和历史经验的决议》指出，现在党团结带领中国人民又踏上了实现第二个百年奋斗目标新的赶考之路，要继续考出好成绩，以咬定青山不放松的执着奋力实现既定目标，以行百里者半九十的清醒不懈推进中华民族伟大复兴，并向全国各族人民发出了在新时代新征程上赢得更加伟大的胜利和荣光的号召。实现中华民族伟大复兴的中国梦，根本上要靠包括工人阶级在内的全体人民的劳动、创造、奉献。工会要牢牢把握我国工人运动时代主题，立足新发展阶段、贯彻新发展理念、构建新发展格局、推动高质量发展，聚焦“十四五”时期国家重大战略、重大工程、重大项目、重点产业，广泛深入持久开展各种形式的劳动和技能竞赛，开展“五小”等群众性创新活动，充分调动广大职工的积极性、主动性、创造性。要广泛开展“强国复兴有我”、“中国梦·劳动美”、“劳动创造幸福”等主题宣传教育活动，唱响主旋律，激发正能量，打牢团结奋斗的思想基础。要紧紧围绕经济建设这个中心、发展这个第一要务，把广大职工主人翁精神充分激发起来，满怀信心投身于为实现中国梦而奋斗的火热实践，形成万众一心、众志成城的磅礴力量。

四、坚持中国特色社会主义工会发展道路

习近平总书记指出，中国特色社会主义是改革开放以来党的全部理论和实践的主题，全党必须高举中国特色社会主义伟大旗帜，牢固树立中国特色社会主义道路自信、理论自信、制度自信、文化自信，确保党和国家事业始终沿着正确方向胜利前进。中国特色社会主义工会发展道路是中国特色社会主义道路的重要组成部分，深刻反映了中国工会的性质和特点，是工会组织和工会工作始终沿着正确方向前进的重要保证。

中国特色社会主义工会发展道路是在党的领导下，中国工会经过长期实践探索，在改革开放新时期特别是在21世纪新阶段逐步形成的。新民主主义革命时期，在党的领导下，我国早期工人领袖和工会组织把马克思主义与中国工人运动相结合，带领产业工人开展了波澜壮阔的革命运动；进入社会主义革命和建设时期，在党的领导下，我国工会又开始对自身建设和发展道路进行探索，取得了积极成果，奠定了中国特色社会主义工会发展道路的形成基础；改革开放和社会主义现代化建设新时期，在探索开辟中国特色社会主义道路的大背景下，各级工会认真贯彻落实党中央关于工人阶级和工会工作的重要指示精

神，紧跟党的理论创新步伐，解放思想、实事求是、与时俱进，全面认识社会主义初级阶段的基本国情，准确把握中国工人阶级和工会组织的地位作用，深入研究社会主义市场经济条件下工会工作的特点和规律，在理论与实践上取得丰硕成果，最终确立了中国特色社会主义工会发展道路。

中国特色社会主义工会发展道路内涵十分丰富，主要包括八个方面。一是坚持自觉接受党的领导。二是坚持中国工会的社会主义性质。三是坚持发展工人阶级先进性。四是坚持构建和谐劳动关系。五是坚持维护职工群众合法权益。六是坚持完善社会主义劳动法律体系。七是坚持推动形成国际工运新秩序。八是坚持以改革创新精神加强自身建设。

坚定不移走中国特色社会主义工会发展道路，事关党的工会事业发展，事关工人阶级根本利益，事关中国工会前途命运。只有坚定不移走中国特色社会主义工会发展道路，胸怀中华民族伟大复兴的战略全局和世界百年未有之大变局，才能在复杂多变的国际局势面前保持清醒、站稳立场，才能在繁重艰巨的国内任务面前找准方位、发挥优势，更好地保护调动发挥职工群众的积极性、主动性、创造性。只有坚持中国特色社会主义工会发展道路，才能更好地发挥党联系职工群众的桥梁纽带作用，更好地发挥国家政权的社会支柱作用，更好地发挥职工合法权益的表达者维护者作用，实现好维护好发展好广大职工的根本利益。只有坚持中国特色社会主义工会发展道路，使各级工会组织和广大工会干部增强为党的工运事业不懈奋斗的责任感和使命感，加深对中国工会性质地位、职能作用的认识，充分发挥自身特点和优势，准确把握劳动关系、职工队伍的新变化新趋势，积极探索工会工作的特点和规律，切实解决思想、作风、能力、素质等方面存在的突出问题，才能使工会始终保持正确政治方向，更加适应时代发展要求，更好地服务党和国家工作大局、服务广大职工群众，不辜负党的重托和职工群众的期待，不断增强创造力、凝聚力和战斗力，不断开创工会工作新局面。

五、坚持弘扬劳模精神、劳动精神、工匠精神

习近平总书记强调，劳动是财富的源泉，也是幸福的源泉。幸福不会从天而降，梦想不会自动成真。人世间的美好梦想，只有通过诚实劳动才能实现；发展中的各种难题，只有通过诚实劳动才能破解；生命里的一切辉煌，只有通过诚实劳动才能铸就。劳动创造了中华民族，造就了中华民族的辉煌历史，也必将创造出中华民族的光明未来；必须尊重劳动、尊重知识、尊重人才、尊重创造，营造劳动光荣、创造伟大的社会氛围。

2020 年 11 月 24 日，习近平总书记在全国劳动模范和先进工作者表彰大会上指出，在长期实践中，我们培育形成了爱岗敬业、争创一流、艰苦奋斗、勇于创新、淡泊名利、甘于奉献的劳模精神，崇尚劳动、热爱劳动、辛勤劳动、诚实劳动的劳动精神，执着专注、精益求精、一丝不苟、追求卓越的工匠精神。习近平总书记对劳模精神、劳动精神、工匠精神的内涵进行了深刻概括，进一步丰富发展了马克思主义劳动学说，鲜明体现了我们党与时俱进的理论品格。劳模精神、劳动精神、工匠精神相互包容、相互联系、相互补充、相互支撑，构成了一个有机整体。劳模精神彰显劳动的价值、展现劳动者的境界，是一种高层次的道德追求，是劳动精神的集中体现，对全社会起到了引领作用。劳动精神是劳模精神、工匠精神的基础，无论是劳模精神，还是工匠精神，都是基于劳动光荣的理念而产生的，是劳动精神在社会主义制度下的不同实现形式。工匠精神是对劳模精神、劳动精神的升华，强调技术上精益求精的不懈追求。劳模精神、劳动精神、工匠精神既一脉相承又各有侧

重，劳模精神面向劳模群体，劳动精神面向广大劳动者，工匠精神更多的是面向有一技之长的产业工人。劳模精神、劳动精神、工匠精神，生动体现了以爱国主义为核心的民族精神和以改革创新为核心的时代精神，成为中国共产党人精神谱系的重要组成部分。

我国的劳模评选产生于20世纪30年代苏区开展的生产运动，40年代，在陕甘宁边区（后来发展到在所有解放区）开展的“大生产运动”、“新劳动者运动”中，涌现出“边区工人一面旗帜”赵占魁、“兵工事业开拓者”吴运铎、“新劳动运动旗手”甄荣典等一大批先进人物。毛泽东同志称赞他们是人民的领袖、全民族的模范人物。1950年9月25日，全国工农兵劳动模范代表会议召开，这是我们国家第一次全国性表彰劳动模范，464人被中央人民政府授予全国劳动模范称号，正式确定“劳动模范”这个称谓，明确“要把评选劳模形成固定的制度”。从1958年开始，在应对重大自然灾害和国民经济遭受的严重挫折中，涌现出时传祥、王进喜等一大批家喻户晓的劳模代表。改革开放新时期，党和国家的工作重心转移到社会主义现代化建设，劳模精神不再局限于“老黄牛精神”，更强调精湛的业务能力、卓越的技术革新力以及开拓创新、敢闯敢干的勇气，涌现出“抓斗大王”包起帆、“杂交水稻之父”袁隆平、“蓝领专家”孔祥瑞、“工人专家”李斌、“金牌工人”许振超、“大国工匠”高凤林等劳动模范。

在以习近平同志为核心的党中央坚强领导下，广大职工坚定不移贯彻新发展理念，踊跃投身大众创业、万众创新的时代洪流中，围绕“一带一路”建设、京津冀协同发展、长江经济带发展等国家战略，积极参加劳动和技能竞赛、技术革新、技术协作、发明创造、合理化建议等活动，为推动经济保持中高速增长、产业迈向中高端水平建功立业，在伟大历史进程中镌刻了工人阶级的无上荣光。近年来，面对严峻复杂的国际政治经济环境，我们从步履蹒跚走出危机到实现经济平稳较快发展，全面建成了小康社会，历史性地解决了绝对贫困问题，靠的是共克时艰的劳动信念。特别是在抗击新冠肺炎疫情的雄壮斗争中，我国工人阶级和广大劳动群众风雨同舟、众志成城，为全国抗疫斗争取得重大战略成果、统筹疫情防控和经济社会发展工作取得积极成效作出了突出贡献，充分展现了中国人民和中华民族的伟大力量。从疫情防控到复工复产，无数劳动者坚守岗位、默默奉献，他们同全国各族人民一道，铸就了伟大抗疫精神，不愧为新时代最美奋斗者。全国总工会数据显示，党的十八大以来，累计授予了全国五一劳动奖状 2245 个、奖章 8650 个和全国工人先锋号 8870 个，发布 9 届全国“最美职工” 91 人次，联合选树宣传大国工匠 87 名，各省（区、市）选树宣传省级工匠 5288 名，地市级工匠超过 2.2 万名。

2022 年 4 月 27 日，习近平总书记向首届大国工匠创新交流大会致贺信，对工人阶级和广大劳动群众寄予殷切期望，为激励广大职工群众大力弘扬劳模精神、劳动精神、工匠精神，奋进新征程、建功新时代指明了前进方向、注入了强大动力。各级工会要加大对劳模和工匠人才的宣传力度，广泛开展劳模和大国工匠进校园等活动，更好发挥劳模、工匠人才示范引领作用，讲好劳模故事、劳动故事、工匠故事，唱响劳动最光荣、劳动最崇高、劳动最伟大、劳动最美丽的时代主旋律。要进一步做好劳模培养选树和管理服务工作，推动完善劳模政策，提升劳模地位，落实劳模待遇，形成尊重劳动、尊重知识、尊重人才、尊重创造的浓厚氛围。要继续举办好大国工匠创新交流大会、大国工匠论坛、职工职业技能大赛等活动，为劳动模范、大国工匠发挥作用搭建平台、提供舞台，引领更多职工争当新时代劳动模范、能工巧匠，擦亮“劳模”、“工匠”金字招牌。

要推动加强新时代劳动教育，引导广大青少年牢固树立热爱劳动的思想，养成热爱劳动的习惯，培养一代又一代勤于劳动、善于劳动的高素质劳动者，确保劳模精神、劳动精神、工匠精神薪火相传、生生不息。

六、坚持高举维护职工合法权益旗帜

习近平总书记强调，保障职工群众经济、政治、文化、社会权益是我国社会主义制度的根本要求，是党和国家的神圣职责，也是发挥广大职工群众积极性、主动性、创造性最重要最基础的工作。工会要赢得职工群众信赖和支持，必须做好维护职工群众切身利益工作，促进社会公平正义。

2013 年 4 月 28 日，习近平总书记在全国总工会机关同全国劳动模范代表座谈时指出，要把竭诚为职工群众服务作为工会一切工作的出发点和落脚点，全心全意为广大职工群众服务，认真倾听职工群众呼声，维护好广大职工群众包括农民工合法权益，扎扎实实为职工群众做好事、办实事、解难事，不断促进社会主义和谐劳动关系。2015 年 7 月 6 日，习近平总书记在中央党的群团工作会议上指出，服务群众、维护群众权益的大旗要牢牢掌握在我们手中，哪里的群众合法权益受到侵害，哪里的群团组织就要站出来说话。2016 年 4 月 26 日，习近平总书记在知识分子、劳动模范、青年代表座谈会上提出，要切实维护广大劳动群众合法权益，帮助广大劳动群众排忧解难，积极构建和谐劳动关系。2018 年 10 月 29 日，习近平总书记在同全国总工会新一届领导班子成员集体谈话时强调，工会要认真履行维护职工合法权益、竭诚服务职工群众的基本职责。工会要把服务职工、维护职工合法权益的大旗牢牢掌握在手中，把群众观念牢牢根植于心中。这些重要论述，为履行和拓展工会基本职责指明了方向，提供了重要理论依据。

2020年11月24日，习近平总书记在全国劳动模范和先进工作者表彰大会上强调，要坚持以人民为中心的发展思想，维护好工人阶级和广大劳动群众合法权益。各级工会要做好源头参与工作，积极参与劳动就业、工资分配、社会保险、安全生产相关法规政策的研究制定，健全以职工代表大会为基本形式的企事业单位民主管理制度，完善集体协商、集体合同制度。要主动协助政府和企业做好稳就业工作，深化工会就业创业服务，加大职工技能培训力度，全面提升劳动者就业创业能力。突出维护好新就业形态劳动者、农民工、生活困难职工等群体合法权益，推动制定实施新就业形态劳动者权益保障政策措施，推动解决新就业形态劳动者面临的突出问题。要充分发挥户外劳动者服务站点、工会帮扶（服务）中心等服务阵地作用，为职工提供及时高效服务。要主动摸排疫情以及经济下行压力加大对困难职工家庭生活产生的影响，加大对他们的帮扶救助力度，巩固城市困难职工解困脱困成果。要积极开展送温暖、促进就业创业、金秋助学、职工互助保障等品牌活动，把工作做得更具体、更扎实、更温暖，不断增强职工的获得感、幸福感、安全感。

七、坚持增强政治性、先进性、群众性的工会改革方向

习近平总书记强调，加强和改进新形势下工会工作，最重要的是要保持和增强政治性、先进性、群众性。政治性是工会组织的灵魂，先进性是工会工作的重要着力点，群众性是工会组织的根本特点。要在建机制、强功能、增实效上下功夫，创新组织体制、运行机制、活动方式、工作方法，让职工群众真正感受到工会是“职工之家”、工会干部是最可信赖的“娘家人”、贴心人，把工会组织建设得更加充满活力、更加坚强有力。

党的十八大以来，以习近平同志为核心的党中央高度重视

工会改革创新，提出了一系列明确要求。2015 年 1 月，中共中央印发《关于加强和改进党的群团工作的意见》；2015 年 7 月 6 日，中央党的群团工作会议召开，习近平总书记发表重要讲话，对群团组织改革创新提出明确要求；2015 年 7 月 23 日，党中央决定在全国总工会开展中央群团机关改革试点；2015 年 11 月 9 日，习近平总书记主持召开中央全面深化改革领导小组第十八次会议，审议通过《全国总工会改革试点方案》；2017 年 2 月 6 日，习近平总书记主持召开中央全面深化改革领导小组第三十二次会议，指出试点工作围绕保持和增强政治性、先进性、群众性这条主线，着力破除“机关化、行政化、贵族化、娱乐化”问题，取得明显成效。2017 年 8 月 22 日，习近平总书记对党的群团工作和群团改革再次作出重要指示，强调要紧紧围绕增强“政治性、先进性、群众性”，直面突出问题，采取有力措施，敢于攻坚克难，注重夯实群团工作基层基础。2017 年 10 月 18 日，习近平总书记在党的十九大报告中对工会组织改革创新提出新的更高要求，强调创新群众工作体制机制和方式方法，推动工会、共青团、妇联等群团组织增强政治性、先进性、群众性，发挥联系群众的桥梁纽带作用，组织动员广大人民群众坚定不移跟党走。2018 年 10 月 29 日，习近平总书记在同全国总工会新一届领导班子成员集体谈话时强调，工会应该同职工群众打成一片、融为一体，不能存在“最后一公里”。那些导致脱离职工群众的机构设置、管理模式、运行机制、工作方式方法等，要下大气力改。

在推进改革的过程中，必须围绕保持和增强工会组织的政治性、先进性、群众性这条主线。政治性是工会组织的灵魂，是第一位的。政治性强不强，既是衡量工会工作做得好不好的根本标准，也是检验工会改革是否取得明显成效的试金石。离开了政治性，群团组织就容易产生脱离党的领导的倾向，就会庸俗化，就会成为一般社会组织，甚至会走向邪路。先进性是工会工作的力量之源。工会是党直接领导的职工群众组织，承担着组织动员广大职工为完成党的中心任务而共同奋斗的重大责任，工会组织必须把保持和增强先进性作为重要着力点。群众性是群团组织的根本特点。离开了群众性，群团组织就容易走向官僚化、空壳化。群团组织开展工作和活动要以群众为中心，让群众当主角，而不能让群众当配角、当观众。群众心里没有群团组织，不积极参与群团组织活动，或者群团组织覆盖面越来越窄，那就等于削弱了做党的群团工作的基础。

2021 年 1 月 7 日，习近平总书记在听取中央书记处工作报告时指出，对群团改革要进行盘点、做好评估，在此基础上谋划好“十四五”时期群团改革，推动改革不断向基层延伸、取得更大成效。各级工会要深入学习贯彻习近平总书记关于群团改革和工会改革的重要指示精神，把保持和增强政治性、先进性、群众性作为工会工作的根本标尺和长期任务，不断把工会改革引向深入，坚持眼睛向下、面向基层，创新组织体制、运行机制、活动方式、工作方法，自觉运用改革精神谋划工会工作。要既当改革促进派，又当改革实干家，在建机制上下功夫，扩大改革内驱力，在强功能上下功夫，增强改革影响力，在增实效上下功夫，提升改革凝聚力。要开展好“转作风、解难题、促发展、保稳定”专项行动，拓展延伸“五个一”工作范围，加强调查研究，狠抓工作落实。要加快智慧工会建设，做实工会“互联网+”普惠性服务，用心用情解决职工“急难愁盼”问题，真正打通联系服务职工群众的“最后一公里”。要全面加强工会系统党的建设，把制度建设贯穿其中，巩固拓展党史学习教育成果，深入推进党风廉政建设和反腐败斗争，不断把全面从严治党引向深入。

八、坚持加强基层工会建设

习近平总书记强调，基层工会离职工最近，联系职工最直接，服务职工最具体，是工会工作的基础和关键。要树立大抓基层的鲜明导向，坚持眼睛向下、面向基层，把力量和资源向基层倾斜投放，使基层工会真正建起来、转起来、活起来，更好发挥“传动装置”和“杠杆”作用，把广大职工凝聚在党的周围。

2013 年 10 月 23 日，中国工会十六大闭幕后，习近平总书记同全国总工会新一届领导班子成员集体谈话，针对基层工会存在的不足，提出了关于基层工会的“三问”，有多少基层工会作用发挥不够充分，到了什么程度，如何解决。为了回答好习近平总书记的“三问”，2014 年，全国工会系统开展了以加强基层工会建设、发挥基层工会作用为主题的集中调研活动。9 月 8 日，习近平总书记作出“三个着力”的重要批示：着力扩大覆盖面、增强代表性，着力强化服务意识、提高维权能力，着力加强队伍建设、提升保障水平，切实增强工会组织的凝聚力，引导广大职工群众坚定跟党走，通过劳动创造更加美好的生活，为实现中华民族伟大复兴的中国梦添砖加瓦。习近平总书记关于坚持加强基层工会建设的重要论述，着眼于新形势新任务新变化对工会工作提出的新挑战，站在巩固党执政的阶级基础和群众基础的高度，指明了新时代基层工会工作的前进方向、目标任务、方法路径。

近年来，针对国有企业改制重组、非公有制经济快速发展、农民工大量进城务工等带来的职工队伍历史性巨变，各级工会坚持党建带工建，把加强基层工会跟进组建、扩大吸收新会员作为工会工作的重点。各级工会连续开展基层工会建设年、落实年活动，“强基层、补短板、增活力”行动、“县级工会加强年”专项工作，开展八大群体入会工作和百人以上企业建会专项行动等，组织新就业形态劳动者入会集中行动，持续推行“重点建、行业建、兜底建”模式，推动货运、快递、网约车、外卖配送等相关重点行业头部企业实现建会突破，全国互联网百强企业全部实现建会突破，全国新发展新就业形态劳动者会员1037万人。完善“小三级”工会组织体系，加强和规范区域性、行业性工会联合会建设、乡镇（街道）工会建设、县级工会建设，探索社区网格工会、城市综合体工会等建会方式，实现对小微非公企业的有效覆盖。推进基层工会组织和工会会员实名制管理，规范基层工会选举工作，完善会员（代表）大会、会员评家制度。

基层工会离职工最近，联系职工最直接，服务职工最具体，是工会工作的基础和关键。工会在大局中的作用、在职工中的影响，既取决于基层工会数量，更取决于基层工会质量。必须从巩固党执政的阶级基础和群众基础的高度，把抓基层打基础作为长远之计和固本之策，始终坚持正确方向，不断创新工作方法。在巩固传统领域建会入会基础上，重点加强“三新”领域工会组织建设，大力推行“重点建、行业建、兜底建”模式，突出货车司机、快递员等八大群体入会工作，扩大对小微企业、新业态就业人员等的有效覆盖。强化落实到基层、落实靠基层理念，坚持把改革向基层延伸，把力量和资源充实到基层一线，加强上级工会对下级工会的指导服务，积极协调解决基层工会面临的实际困难和问题。建立健全激励和保障机制，调动基层工会干部积极性，提升基层工会干部履职能力，建设一支政治素质好、业务能力强、懂职工、爱职工的基层工会干部队伍。完善联系职工群众的制度机制，以工会干部赴基层蹲点为牵引，提高工会干部能力水平，改进工作作风，不断提高做群众工作的本领。

总之，“八个坚持”意涵深刻、科学系统、内容丰富，是有机联系的统一整体，其关键是坚持党的领导，根本是增强政治性、先进性、群众性，重点是维护职工合法权益、竭诚服务职工群众。重要论述具有重大政治意义，贯穿了坚持以人民为中心的发展思想和全心全意依靠工人阶级的方针，充分肯定了工人阶级的主人翁地位和工会组织在党和国家工作大局中的作用，体现了鲜明的政治导向、坚定的政治立场，从政治上为工会工作把关定向提供了根本遵循。重要论述具有深刻理论意义，蕴含了马克思主义立场、观点、方法，是对马克思主义劳动学说和工运学说的传承和升华，把我们党对工人运动和工会工作的规律性认识提升到一个新高度，是指导新时代工运事业和工会工作的纲领性文献。重要论述具有深远历史意义，习近平总书记站在党和国家工作大局和战略高度，追溯过去，立足当下，着眼未来，阐明了工会发展历史，阐述了党与工会的关系，蕴含着对工运事业和工会工作的深刻思考和殷切期望，具有深邃的历史眼光和宽广的时代视野。重要论述具有鲜明实践意义，从工人阶级面临的新形势新使命、劳动关系面临的新情况新变化、工会组织面临的新任务新要求出发，阐明了新时代工运事业与工会工作的根本原则、时代主题、政治责任、基本职责、前进动力等重大问题，明确了工人阶级和工会组织在新时代担负什么样的历史使命、履行什么样的基本职责等广大职工和工会干部普遍关切的问题，具有很强的指导性、实践性、针对性。

第三节　习近平总书记关于工人阶级和工会工作的重要论述的实践要求

正是有习近平总书记的领航掌舵、有重要论述的科学指引，工人阶级队伍才能不断发展壮大，新时代党的工运事业和工会工作才始终沿着正确方向前进，实现全面发展、全面进步、全面提高。深刻领会和切实践行习近平总书记关于工人阶级和工会工作的重要论述，要求我们必须立足新发展阶段，把握工会组织新使命、新目标、新要求，在工会各项工作中全面体现、全面落实，形成新的生动实践。

党的十九大对全面建成社会主义现代化强国作出了战略部署，总的战略安排是分两步走：从2020年到2035年基本实现社会主义现代化；从2035年到本世纪中叶把我国建成富强民主文明和谐美丽的社会主义现代化强国。党的二十大对全面建成社会主义现代化强国两步走战略安排进行宏观展望，重点部署了未来五年的战略任务和重大举措。未来五年是全面建设社会主义现代化国家开局起步的关键时期，搞好这五年的发展对于实现第二个百年奋斗目标至关重要。这是工人阶级的历史重任，也是工会组织必须肩负的庄严使命。当前，我国发展进入战略机遇和风险挑战并存、不确定难预料因素增多的时期，各种“黑天鹅”、“灰犀牛”事件随时可能发生。同时，世界百年未有之大变局正在加速演进，国际环境日趋错综复杂，全球治理体系变革深刻复杂，国际力量对比深刻调整，新冠肺炎疫情加速了大变局的演进，世界经济陷入深度衰退。这就要求工会组织要立足“两个大局”，心怀“国之大者”，发挥自身政治优势、组织优势、制度优势、群众优势、资源优势，牢牢把握我国工人运动时代主题，把亿万职工中蕴藏的创新创造活力充分激发出来，在全面建设社会主义现代化国家新征程上发挥主力军作用，为实现第二个百年奋斗目标贡献智慧和力量。

新时代我国社会主要矛盾已经转化为人民日益增长的美好生活需要和不平衡不充分的发展之间的矛盾。随着我国社会主要矛盾的变化，职工群众对美好生活的向往总体上从“有没有”向“好不好”转变，从追求生存权益向追求发展权益转变，从追求物质权益向追求民主权利、精神权益转变，从利益诉求同质化向差异化、多元化转变，在利益诉求、价值取向、思想观念上呈现多元多样多变的新特征。我国在劳动就业、收入分配、社会保障等民生领域仍然存在诸多短板，农民工、城市困难职工等群体利益的实现还有不少难点和堵点。适应这一新变化，不断满足职工群众的美好生活需要，成为新时代工会的奋斗目标。这就要求工会组织要认真贯彻落实党中央关于促进全体人民共同富裕的部署要求，认真履行维护职工合法权益、竭诚服务职工群众的基本职责，满足职工群众的差异化、多样化需求，不断提升职工生活品质，助力职工享有更稳定的工作、更满意的收入、更可靠的社会保障、更充足的生活福利、更丰富的精神文化生活，切实增强广大职工群众的获得感、幸福感、安全感。

当前，新一轮科技革命和产业变革深入发展，劳动力市场及就业方式等发生深刻变化，数字经济、共享经济等新技术新业态新模式迅猛发展，以货车司机、快递员、网约车司机、外卖配送员等为代表的新业态就业人员大量涌现，这些群体面临劳动关系认定难、社会保障欠缺、权利救济困难等问题。产业结构深度调整，淘汰落后产能、化解过剩产能力度进一步加大，相关行业职工转岗分流、再就业安置的任务将更加繁重。同时，受疫情等多重因素影响，一些劳动者面临着失业待业、收入减少、权益受损的风险。这就要求工会组织要适应劳动关系变化新趋势，把推动构建中国特色和谐劳动关系作为工作主线，统筹处理好促进企业发展和维护职工权益的关系，在完善社会治理体制与提高社会治理水平中发挥工会组织应有的作用。坚持一手抓引领构建、一手抓防范化解，及时研判当前劳动关系的新动向、新特征和新问题，扎实开展职工队伍稳定风险隐患专项排查化解工作，协助党委、政府和企业把矛盾纠纷化解在基层、消除在萌芽状态，坚决维护职工队伍团结统一和社会和谐稳定，把“五个坚决”要求落到实处，确保“五个不发生”。

党的二十大强调，深化工会、共青团、妇联等群团组织改革和建设，有效发挥桥梁纽带作用。改革创新已是时代发展的最强音，是推动工会工作高质量发展的不竭动力。工会工作与社会变革、劳动经济关系的调整变化、职工群众的现实诉求息息相关，只有自觉运用改革精神谋划工会工作，才能把工会组织建设得更加充满活力、更加坚强有力，才能确保工运事业始终与党和国家事业同步前进。这就要求工会组织坚定改革信心、增强改革定力，以更大力度、更实举措推动工会改革实现新的更大突破，在更广范围、更宽领域、更多群体中不断扩大工会组织、工会工作、工会服务的有效覆盖，不断增强工会组织的吸引力凝聚力战斗力。

思考题：

1. 简述习近平总书记关于工人阶级和工会工作的重要论述的基本内涵。

2. 简述习近平总书记关于工人阶级和工会工作的重要论述的实践要求。

第四章　中国工人运动和工会工作的发展历程

我国工人运动是在中国共产党的直接领导下发展壮大起来的。在风云激荡的百年历程中，中国工运事业始终同中国共产党的事业紧密相连，中国工人阶级的命运始终同中国共产党的命运息息相关，中国工会始终把亿万职工紧紧地团结在中国共产党周围，架起了中国共产党与广大职工的连心桥。回顾党领导百年中国工运的光辉历程与经验，对牢记中国工会的初心与使命，团结带领广大职工夺取全面建设社会主义现代化国家新胜利、实现中华民族伟大复兴的中国梦，意义重大。

第一节　新民主主义革命时期的工人运动（1921—1949 年）

1921 年 7 月，在马克思列宁主义同中国工人运动相结合的进程中，中国共产党应运而生。在新民主主义革命时期，党面临的主要任务是，反对帝国主义、封建主义、官僚资本主义，争取民族独立、人民解放，为实现中华民族伟大复兴创造根本社会条件。工会动员组织工人群众不断掀起工运高潮，发动工人群众投身抗日战争，参与革命根据地政权建设和经济建设，为夺取新民主主义革命胜利、实现民族独立和人民解放建立了历史功勋。

一、工人运动的风起云涌与工会组织的蓬勃发展

早在1840年鸦片战争后，近代中国工人阶级的诞生，工人阶级组织活动传统与现代并行，客观上推动了工人初步联合。1919年五四运动爆发，标志着中国工人阶级以独立的政治力量登上历史舞台。中国现代工人运动是在中国共产党的直接领导下发展壮大起来的。1921年中国共产党建立，在党的领导下，中国工人阶级从自在阶级转向自为阶级，中国工会的指导思想及工作迎来转折，革命的工会组织开始建立并发展，在以城市为中心的革命中，中国工人运动焕然一新。

（一）中国共产党领导的革命工会成为主流

随着马克思列宁主义从俄国传入，各地共产党组织的建立，马克思主义开始真正与中国工人运动相结合。“劳工神圣”开始从“纸面上的笔墨运动”深入大众头脑并在实践层面迅速行动。新的革命的工会组织与团体开始建立。1920年10月3日，上海共产党发起小组筹备上海机器工会，颁布《上海机器工会简章》，这是党领导建立的第一个革命工会。1921年5月1日，北方工人运动的摇篮——长辛店工人俱乐部成立，成为党领导建立的第一个产业工会。

中国共产党建立后，极为重视工人运动，在《中国共产党第一个决议》中就明确强调领导组织工人运动是党的中心工作，基本任务是建立产业工会。当时国内工人组织种类繁多，良莠不齐。既有劳资混合的行会、同乡组织的“帮口”，又有被资本家、工头和政客把持的“招牌工会”以及国民党、无政府主义等政党组织和影响的工会。为了更好地开展工人运动，党在1921年8月发起建立“中国劳动组合书记部”，领导全国工人运动。其总部设于上海（后迁北京），出版机关刊物《劳动周刊》，并相继在北京、长沙、武汉、广州、济南等地设分部。

1922年5月1日至6日，由中国劳动组合书记部发起，在广州成功召开了第一次全国劳动大会。大会通过了《全国总工会组织原则案》等十个决议案，提出全国范围内以产业为主的原则组建工会。会议决定在全国总工会成立之前，由中国劳动组合书记部为全国总工会的总通讯机关。这就公开承认了劳动组合书记部对全国工人运动的领导地位。在劳动组合书记部领导下，各地工运迅速开展，如武汉分部人员即联合28个工会组建武汉工团联合会，这成为党领导建立的第一个地方总工会。中华全国铁路总工会等全国性产业工会也相继建立。

1925年5月，在党的领导下，第二次全国劳动大会在广州召开。大会通过了30多个决议案，宣布成立中华全国总工会。随着国共合作及国民大革命的开展，在中华全国总工会领导下的工会组织迅速壮大。所属的全国性产业工会有铁路、海员、邮政总工会，地方性总工会有上海、广州、北京、天津、湖南、湖北、河南、济南等省市总工会，基层工会和会员人数发展迅速。中华全国总工会所属基层工会和会员人数：1925年为166个，会员54万人；1926年为699个，会员124万人；1927年会员达到290万人。与此同时，旧式工会则出现分化，大部分改造后加入中华全国总工会，极少数被国民党右派利用，与全国总工会及其所属工会对立，破坏工人运动。然而，面对日益发展壮大的中华全国总工会，他们亦不得不承认“相形见绌，黯然无光”。

（二）争取工会组织及工人运动合法化

争取工人阶级的集会、结社、罢工权利是工会运动发展的前提。五四运动后，工人阶级仍未取得合法的结社权利。尽管在部分地区获得军阀政府的默许，但这种默许却处于不稳定状态。其间，以“工会条例尚未颁布”为由，军阀政府肆无忌惮地封闭工会，逮捕、杀害工人领袖，镇压工人运动。1922年8

月，中国共产党利用北洋政府宣布恢复国会、制定宪法和“保护劳工”的有利时机，向众议院发出《关于劳动立法的请愿书》，发布《劳动法大纲》，要求国会在宪法中规定保护劳工的条文，在全国掀起劳动立法运动。1923年，北京政府农商部颁布《工厂暂行通则》，虽然为政府正式颁布的第一个劳动法律，但却只是一个具文。随后农商部起草《工人协会法草案》，不仅未经国会通过，且因发生曹锟等驱逐黎元洪事变，国会解散，草案搁置。此后又于1926年颁布限制性的《工会条例草案》，北伐战争开始后又不了了之。

在南方，1922年广东军政府颁布《暂行工会条例》，废止《暂行新刑律》第224条，罢工成为合法行动。国民大革命开始后，孙中山于1924年11月以政府名义颁布了中国历史上首个《工会条例》，承认工人有结社、言论、出版、罢工的自由。随着北伐战争的进行，在国民革命军辖区内，如《湖北临时工厂条例》、《陕甘区域内之临时劳动法》等一些临时性、地方性工厂条例颁布。国民政府北迁武汉后，又颁布《革命政府组织解决雇主与雇工争执仲裁会条例》，解决劳工组织间争执的《劳工仲裁条例》等。由于革命形势风云变幻，这些法令所起的作用均较有限。

（三）工人运动风起云涌

在以城市为中心的革命发展道路中，工人阶级和工人运动是革命的主要力量。这一时期工人运动呈现出高潮—低潮—高潮—低潮的态势。中国共产党成立后不到半年时间，就领导了全国第一次工人运动高潮。以1922年1月香港海员大罢工为开端，到1923年2月，全国各地发生工潮130多次，大多数取得了胜利，极大地扩大了工人阶级和中国共产党的政治影响。1923年，京汉铁路工人大罢工掀起第一次全国工人运动高潮的顶点。京汉铁路工人的斗争活动惨遭军阀镇压，工人运动转入低潮。

二七惨案的发生使中国共产党人认识到，在半殖民地半封建的中国，要取得革命的胜利，仅仅依靠工人的罢工斗争是不行的，必须寻找同盟军，建立革命统一战线。因此，中国共产党人积极推动国民党改组，实现国共两党合作建立统一战线开展国民大革命。工人运动开始走出低谷，逐渐壮大。五卅运动掀起的反帝风暴席卷全国，展现了工人阶级中流砥柱的作用；省港大罢工历时 16 个月，是国际工运史上持续时间最长的罢工；在收回汉口、九江租界的反帝爱国斗争中，工人阶级发挥了重要作用；上海工人三次武装起义的胜利把大革命中的工人运动推上巅峰，是工人阶级支持国民大革命的典型事例。由于蒋介石、汪精卫先后发动政变，国民大革命失败，工人运动又陷入低潮。然而，革命的事实已经证明了工人阶级在国民革命中，革命性最强、最彻底，是中国革命的领导阶级。

二、工人运动及工会组织的联合统一

1927 年大革命失败后，面对革命形势的急剧变化，中国共产党逐步探索出一条适合中国国情的革命道路，即农村包围城市、武装夺取政权。在中国共产党领导的苏维埃民主政权、敌后抗日根据地和解放区，以及在国民党统治区及日本侵略者占领的沦陷区，工会运动在探索中发展、走向成熟。

（一）国统区工人运动的曲折进行

大革命后期，工人运动被国民党政权大力镇压。各地革命工会组织遭到查封，大量共产党人、工会干部和革命群众被屠杀。南京国民政府建立后，进行所谓的工会整理运动。各地党部组成工会整理委员会，封闭解散革命工会，利用政治权势建立所谓“合法工会”，对工会组织的建立实行指导与控制相结合的政策。通过《工会法》、《人民团体组织方案》等一系列限制性立法，构建政府指导下的驯服的工会网络，对工会组织的罢工等活动加以限制，使其在国民政府许可范围内。

中国共产党在大革命失败初期，一度在“左”倾错误路线下，继续坚持城市中心论，不承认在城市中敌强我弱的事实，不断进行工人暴动，希冀夺取政权，使得城市中幸存下来的工人组织及力量损失严重。全国总工会无法在白区立足，被迫迁往苏区，工会工作被迫停顿。随着党的斗争策略的调整，在土地革命后期，对白区工人运动的“左”倾冒险主义和关门主义进行了批评，提出要利用合法的形式，领导工人经济斗争和政治斗争，建立广大的群众组织，从争取胜利的角度进行工人运动。此后，白区工运逐渐确立了“长期隐蔽、积蓄力量”的工作方针，采取经济和政治斗争、合法和非法斗争、公开与秘密斗争结合的斗争策略。

抗日战争爆发后，国民政府对民众运动采取非常时期的“非常统制”，对工人组织及工人运动严密管控，禁止罢工、怠工。据此，中国共产党在国统区的工会工作继续采取“荫蔽精干、长期埋伏、积蓄力量、以待时机”的方针，“在有理、有利、有节的原则下，利用国民党一切可以利用的法律、命令和社会习惯所许可的范围，稳扎稳打地进行斗争和积蓄力量”。具体为建立广泛的统一战线，从有利抗战事业和维护工人群众切身利益出发，团结组织工人，以合法名义建立经济、文化娱乐等团体，以各种职业为掩护、用合法身份深入基层，开展活动，积蓄力量。在沦陷区，由于日本帝国主义统治更加残酷，开展工人运动的条件极为有限，中国共产党立足这一形势，号召工人组织起来，以罢工、怠工等手段打击日本侵略者。在斗争形式上，尽量采取“三无”斗争，即表面上自发的无人领导、无组织形式、无群众声势的斗争方式。

解放战争爆发后，国统区进一步采取保守、反动的劳工政策，加紧立法，加强工会控制，严禁工人怠工和罢工。在中国共产党的领导下，继续以疏散隐蔽、积蓄力量、以待时机为工作方针，采取直接与迂回、集中与分散、公开与秘密、合法与非法等手段相结合的斗争策略，进而在国统区形成以工人运动为主体的、配合人民解放战争的第二条战线。

（二）党领导的人民民主政权中工运与工会工作的探索与发展

从中国共产党领导建立的苏维埃革命政权，到抗日敌后根据地，再到解放区政权，从一开始就制定、颁布旨在保障工人阶级利益和工会组织权利的劳动法令。如 1931 年的《中华苏维埃共和国劳动法》、1940 年的《陕甘宁边区战时公营工厂集体合同暂行准则》等。

根据中国共产党领导的工农民主政权的性质，确立了苏区工会是苏维埃政权的柱石，是保护工人利益的堡垒，是广大工人群众学习共产主义的学校；改变了工会以罢工来争取工人群众利益的传统方式；教育工人以新的劳动态度对待新的劳动，积极投入新劳动者运动；组织工人积极参加工农民主政权的经济建设和政权建设。经过抗战时期的工会整风，明确了公营工厂工会工作的方针和任务。工会组织迅速发展，陕甘宁边区总工会、晋察冀总工会、晋东南总工会、晋西北总工会等地方总工会纷纷建立，会员迅速增加，并参加到工农民主政权的各项建设事业之中。

根据中国共产党的新民主主义理论和新民主主义时期的政治、经济、文化纲领，在不断纠正工农民主政权中存在的“左”的劳动政策的基础上，在解放战争时期逐步形成了“发展生产、繁荣经济、公私兼顾、劳资两利”的劳动政策，其成为新民主主义政权下工会工作的指导方针。各解放区积极贯彻这一政策，扩大与巩固工会组织，动员职工参加恢复生产和发展工业建设，开展职工政治技术文化教育，保护职工利益，开展群众性生产运动，组织劳动竞赛，巩固后方，支援前线。这直接促进了群众保卫和建设解放区，促进了全国工人运动的团结和统一。

（三）工会组织实现全国统一

1948年4月30日五一国际劳动节前夕，中国共产党发出“解放区和蒋管区的职工联合起来，建立全国工人的统一组织，为全国工人阶级的解放而奋斗”的口号。同年8月，第六次全国劳动大会在哈尔滨召开。来自解放区职工联合会、中国劳动协会、各解放区职工会、国统区城市的工人及各大产业代表518人，代表着全国有组织的283万名工人。大会宣布中华全国总工会恢复重建，中国劳动协会宣布以团体会员资格加入中华全国总工会。至此，中国工会实现了全国统一。

第二节　社会主义革命和建设时期的工会工作（1949—1978年）

社会主义革命和建设时期，党面临的主要任务是，实现从新民主主义到社会主义的转变，进行社会主义革命，推进社会主义建设，为实现中华民族伟大复兴奠定根本政治前提和制度基础。工会团结动员广大职工医治战争创伤、恢复和发展国民经济，支援抗美援朝，参加社会主义基本政治经济制度建设，在建成独立的比较完整的工业体系和国民经济体系中作出了突出贡献。

一、过渡时期工会运动的辉煌成就

从新中国成立到1956年社会主义改造完成和社会主义制度全面建立，是一个过渡时期。这一时期是新中国工会运动发展的重要时期，工人阶级为新中国的政权建设和国民经济的恢复发展作出了卓越的贡献，工会运动取得了辉煌的成就。

（一）工会工作的方针任务发生了根本转变

新中国成立后，工人阶级的政治地位和经济地位发生了根本性的变化。在政治上，工人阶级成为国家的领导阶级，成为国家和企业的主人。为了贯彻执行党的全心全意依靠工人阶级的指导方针，1950 年 6 月 29 日，中央人民政府颁布了《工会法》，该法确立了工人阶级的国家主人翁地位和工会的法律地位。在新中国接管的官僚资本企业中，废除了旧的劳动管理制度，如封建把头制、包工制、搜身制等，进行民主改革，实行民主管理；在私营企业中通过劳资协商制度，废除不合理的规章制度，真正实现了工人阶级当家作主。在经济上，工人阶级的劳动和生活条件得到改善。政府通过用工制度改革，解决了失业问题；通过工资制度改革，建立了按劳分配的社会主义分配原则；政府还颁布了一系列劳动保险和安全生产条例，对城镇职工逐步实现了生、老、病、死、伤、残等劳动保险，使之享受住房、疗养、托幼等集体福利，并把劳动保险事业托交工会统一管理。一种以社会主义计划经济为主要特征的新型劳动关系逐步形成。

在社会政治和经济背景发生重大变化的形势下，工会工作的方针任务必然随之发生变化。1948 年 8 月，在解放战争即将取得全国胜利前夕，第六次全国劳动大会召开，确定了新民主主义时期工会运动的总方针是“发展生产、繁荣经济、公私兼顾、劳资两利”，要求工会团结全体职工，积极参加新民主主义国家政权、经济、文化建设，在国营、公营、合作社企业中参与管理，在私营企业中发挥监督作用，保护职工的日常利益，使工会真正成为职工自己的组织。

1953 年第一个五年计划开始实施以后，为了保证工人阶级在大规模经济建设时期充分发挥主力军作用，全国总工会召开中国工会第七次全国代表大会，确定了“以生产为中心，生产、生活、教育三位一体”的工会工作方针。这一方针适应了形势的发展变化，对发挥工会在社会主义建设中的作用有积极的意义。

（二）加快组建工会，发展工会会员

新中国成立后，工会运动的首要任务是把全国工人群众组织起来。1949 年 6 月，在北平召开的全国工会工作会议提出“要在一年左右，基本上把全国工人阶级组织起来”的要求。1949 年 10 月，全国总工会执委扩大会议决定筹建 10 个全国性产业工会组织。在重点发展产业工会组织的同时，与各级党委相对口并在同级党委领导下组建的地方工会也获得全面发展。全国总工会所属全国产业工会、地方工会及其基层工会组织迅速建立起来，到 1952 年，主要大中城市中 90%以上的产业工人都加入了工会，会员达 1002. 3 万人。

组织起来的工人阶级，在新中国的政权建设和经济建设中发挥了重要作用。新中国成立初期，党和政府最迫切的任务是要尽快恢复生产、发展经济、巩固政权。工人阶级是新中国的领导阶级，责无旁贷地担当起新生人民政权柱石的历史使命，成为恢复和发展国民经济的主力军。在工会的组织下，工人阶级积极支援抗美援朝、镇压反革命、参与土地改革和“三反”、“五反”运动；以主人翁的姿态和新生活建设者的身份，积极投入恢复和发展国民经济的伟大斗争中，协助政府接管城市和官僚资本企业，开展清仓查库和献纳器材运动与各种形式的劳动竞赛，建树了不可磨灭的历史功勋。中共中央和中央人民政府为了表彰在国民经济恢复和发展中作出巨大贡献的劳动模范，于 1950 年 9 月在北京召开了全国战斗英雄代表会议和全国工农兵劳动模范代表会议，1956 年 4 月在北京召开了全国先进生产者代表会议，对先进生产者运动予以极高的评价。

（三）社会主义工会理论问题的探讨

1950 年 7 月，中共中央中南局第三书记邓子恢同志在中南总工会筹委扩大会议上作《关于中南区的工会工作》的报告，针对某些国营企业工会不善于代表工人正确处理企业领导者与职工群众之间的矛盾而出现的工会脱离群众的现象，提出工会同行政在基本立场一致的前提下，存在着不同的具体立场，即工会应代表工人群众的利益，保护他们的权利，这是工会的基本任务。《工人日报》、《人民日报》先后转载了邓子恢的报告。对此，时任全国总工会副主席的李立三同志也认为，在企业中的党组织、行政和工会在根本立场上是一致的，但它们又是具有不同性质、不同作用和不同工作方法的组织。社会主义公营企业存在的公私矛盾，是工会存在的客观基础；工会应当在兼顾公私利益即国家利益和工人群众利益的同时，侧重保护工人群众利益。不过，中共中央东北局书记高岗在东北总工会执委扩大会议上所作的报告则对上述观点提出了异议。1951 年 4 月，高岗又组织撰写了《论公营工厂中行政与工会立场的一致性》的文章，否认公营企业存在着公私关系和公私矛盾，认为工会与行政的立场是完全一致的。

为了统一思想，澄清社会主义工会理论的基本问题，刘少奇同志于 1951 年五六月写了一篇《国营工厂内部的基本矛盾和工会工作的基本任务》的文章。他运用历史唯物主义和辩证唯物主义的观点，论证了公私矛盾，即国营工厂管理机关和工人群众之间的矛盾是国营企业的基本矛盾，是工会存在的客观基础。刘少奇同志还指出，党和群众对工会有不同的要求，党要求工会发挥“桥梁”、“纽带”、“学校”作用，而工人群众要求工会保护他们的日常利益。如果工会不能实现工人群众的要求，就会脱离群众，没有群众参加的工会，就不能真正成为党、政府与群众之间的桥梁和纽带。因此，他指出，工会最基本的任务就是将这两种要求结合起来。刘少奇同志的这篇文章在当时并没有能够公开发表。1951年12月召开的全国总工会第一次党组扩大会议对李立三同志进行了错误批判，这不仅中断了对社会主义时期工会理论的深入探索，而且使得工会实践中所遇到的一些问题未能得到澄清。

二、社会主义建设时期工会运动的曲折发展

1956年，党的八大基于对我国社会主要矛盾的正确分析和判断，不仅提出了党在今后一个时期的根本任务，明确了我国社会主义建设的基本方向，同时也指出了工会工作的奋斗目标。1957年之后，我国开始进入大规模社会主义建设时期。但是在实践中，由于对社会主义建设的规模、速度以及对社会主义条件下阶级斗争等问题的认识上出现了“左”的偏差，致使我国对社会主义发展道路的探索遭受严重挫折，以至于后来出现“文化大革命”这样的全局性失误。在这种形势下，这一时期的工会运动在坎坷中艰难发展。

（一）工会理论问题的再次探索

1956年，随着生产资料私有制的社会主义改造基本完成，我国社会的主要矛盾发生了变化，人民内部矛盾开始凸显。1956年9月至1957年3月，一些地方出现了工人罢工、学生罢课、农民闹退社等风潮，如何正确处理人民内部矛盾，改善领导与群众之间的关系，成为国家政治生活中的主题。1957年2月，毛泽东同志发表《关于正确处理人民内部矛盾问题》的重要讲话。时任全国总工会主席赖若愚同志适时提出了如何在正确处理人民内部矛盾中更好地发挥工会作用的问题，引起了对社会主义时期工会理论问题探讨的新热潮。在这场探讨中，工会理论的热点问题主要集中在社会主义建设时期，如何加强和改善党对工会的领导；工会如何从自身性质出发，在处理人民

内部矛盾中发挥应有作用，以防止出现脱离职工群众的现象；工会如何反对官僚主义和密切联系群众；工会如何加强职工思想政治教育和加强基层组织建设；等等。但是接踵而至的整风运动和反右派斗争的扩大化，再次中断了对工会理论问题的探索。1958 年，全国总工会召开第三次党组扩大会议，对赖若愚等人进行了错误批判，使工会工作遭受严重挫折。之后，在“大跃进”和人民公社运动中，工会系统内刮起“工会消亡”风。在“以阶级斗争为纲”的年代，工会内又提出甩掉工会的业务工作，主要抓阶级斗争。“文化大革命”爆发后，工会组织全面陷入瘫痪，停止活动。

（二）工会工作在坎坷中前行

在对社会主义建设进行艰难探索的历史条件下，工会工作在坎坷中前行。1957 年 12 月召开的中国工会八大指出，工人阶级当前的中心任务，就是坚持勤俭建国、勤俭办企业、勤俭办一切事业的方针，为完成和超额完成新的国家计划而奋斗。大会肯定了工会在社会主义革命和建设中发挥的重大作用；强调了工会要在正确处理人民内部矛盾中发挥积极作用、扩大和健全企业民主管理和发挥群众监督的作用等。之后，尽管出现“大跃进”的严重失误，造成国民经济发展严重失调，但是工人阶级为建设社会主义的热情和为完成和超额完成新的国家计划而奋斗的努力不能与“大跃进”一起被否定。1958 年至 1960 年，全国总工会在党的领导和政府的号召下，在全国职工中开展了以技术革新和技术革命为中心的增产节约运动，为改变生产发展和企业技术的落后面貌，为完成国民经济第二个五年计划作出了重要贡献。在国民经济调整时期，各级工会组织一方面协助政府做好精减职工工作，另一方面关心职工生活，帮助职工渡过困难。从 1961 年至 1963 年 6 月，全国共减少职工 1887 万人，减少城镇人口 2600 万人，减轻了国家的财政负担，对争取国民经济状况的好转起了很大的作用。同时，全国总工会在全国推广沈阳工人工程师吴家柱发起的职工技协活动，在全国工业战线开展的学大庆运动，引导和组织职工以高度的主人翁责任感，在物质条件非常匮乏的条件下，自力更生，发愤图强，为克服暂时的经济困难，促进国民经济的恢复发展，作出了伟大的历史贡献。十年“文化大革命”给党的工会工作带来了极大冲击，但广大职工群众自觉坚守生产岗位，坚持生产，使国民经济仍然取得了一定成绩。

粉碎“四人帮”后，各级地方工会和基层工会开始恢复重建。1977 年 8 月，党的十一大明确提出，要加强党对工会、共青团、妇联等群众组织的领导，把这些组织整顿好、建设好，充分发挥它们应有的作用。根据中共中央的指示，1978 年 4 月，全国总工会召开了第八届七次执委扩大会议，决定筹备召开中国工会第九次全国代表大会，这是全国总工会工作开始全面恢复的标志。

第三节　改革开放和社会主义现代化建设新时期的工会工作（1978—2012 年）

改革开放和社会主义现代化建设新时期，党面临的主要任务是，继续探索中国建设社会主义的正确道路，解放和发展社会生产力，使人民摆脱贫困、尽快富裕起来，为实现中华民族伟大复兴提供充满新的活力的体制保证和快速发展的物质条件。工会团结动员广大职工执行党在社会主义初级阶段的基本路线，热情支持、积极参与、大力推动改革开放和社会主义现代化建设，突出履行维护职工合法权益基本职责，确立“组织起来、切实维权”的工作方针，树立“以职工为本，主动依法科学维权”的工会维权观，坚持“促进企业发展、维护职工权益”的企业工会工作原则，积极构建和谐劳动关系，坚持走中国特色社会主义工会发展道路，为推动科学发展、促进社会和谐、维护社会稳定作出了重要贡献。

一、改革开放初期的工会工作

（一）改革开放初期职工队伍状况

1978年全国职工有9499万人，集中分布于各类全民所有制单位和城镇集体所有制单位中，劳动关系较为单一。随着改革开放经济发展，职工数量迅速增长。到1989年，共有职工13740万人，除广泛分布于国企、集体所有制企业外，还大量分布于乡镇企业、个体私营企业、外资企业、合资企业等单位之中。按照职业范围，包括产业工人、企业经营管理者、公务员、知识分子、专业技术人员、农民工等脑力劳动者与体力劳动者群体。职工群体内部关系发生变化，劳动关系也开始出现变化，朝着市场经济转型。除统包统配的固定用工外，通过市场实现劳动就业与劳动力流动的劳动合同制也开始试行、推广，并普遍实行。

（二）工会工作方针的发展

在以经济建设为中心的形势下，工会工作方针不断演进。1978年10月，中国工会第九次全国代表大会在北京召开。邓小平同志代表中共中央和国务院向大会致祝词，肯定了中国工人阶级是久经考验的立场坚定的革命领导阶级，提出工人阶级要为四个现代化作出优异贡献。邓小平同志强调指出，工会组织必须密切联系群众，使广大工人都能感到工会确实是工人自己的组织，是工人信得过的、能替工人说话、为工人办事的组织，是不会对工人说瞎话、拿工会的会费做官当老爷、替少数人谋私利的组织，为工会工作拨乱反正、开创新格局指明方向。大会选举倪志福同志为全国总工会主席。此后工会指导思想拨乱反正，一切工作“紧紧围绕着社会主义现代化建设这个中心进行”。在党的领导下，平反李立三、赖若愚等冤假错案，恢复整顿各级工会组织，团结和组织广大职工投入社会主义经济建设和改革开放。

1982 年，党的十二大提出建设有中国特色的社会主义。针对新时期工人阶级构成情况，提出全党要大力加强工会工作。1983 年 3 月 14 日，中央书记处在听取全国总工会筹备工会十大工作汇报时，提出工会要真正成为“职工之家”、工会干部要成为“工人之友”的指示。1983 年 10 月，中国工会第十次全国代表大会召开。大会指出新时期工人运动的根本任务是将我国建设为现代化的、高度文明、高度民主的社会主义国家。工会工作基本方针为，以四化建设为中心，为职工说话、办事，维护职工合法权益，加强对职工进行思想政治与文化技术教育，建设一支有理想、有道德、有文化、守纪律的队伍，发挥工人阶级在社会主义物质文明与精神文明建设中的主力军作用。伴随着经济体制改革拉开序幕，需要摆正工会位置、进一步加强工会工作，工会改革任务开始提上日程。

1987 年，党的十三大明确提出了党在社会主义初级阶段的基本路线。1988 年 10 月，全国总工会十届六次执委扩大会议通过《工会改革的基本设想》，提出了“一个中心，两个维护”的基本原则：以经济建设为中心，在维护全国人民总体利益的同时，更好地表达和维护职工群众的具体利益。在工会的社会职能方面，明确提出“维护、建设、参与、教育”四项基本职能。中国工会十一大进一步明确了工会在改革中的任务，明确了工会工作方针，即工会必须在党的领导下，坚持以经济建设为中心，立足改革全局，把发展社会生产力和维护职工利益结合起来，增强基层活力，实现工会的群众化、民主化，团结广大职工为建设具有中国特色的社会主义而奋斗。1989 年 12 月，中共中央印发《关于加强和改善党对工会、共青团、妇联工作领导的通知》，进一步强调各级党委必须牢固树立全心全意依靠工人阶级的思想，高度重视工会工作；党对工会实行统一领导；支持工会依法独立自主地开展工作等。1992 年 4 月，修改后的《中华人民共和国工会法》正式颁布实施，为加强工会自身建设、发挥工会组织在国家政治、经济和社会生活中的作用提供了法律保障。

（三）改革中的工会工作及工会建设

在工会组织建设方面，基层工会组织不断发展壮大。1979 年全国工会基层组织有 32.9 万个，到 1989 年为 58.9 万个。工会会员数量也迅速增长，1981 年有会员 68439733 人，到 1989 年时，会员达 99092075 人。特别是开始着力加强乡镇企业和“三资”企业工会的组建工作，1992 年全国“三资”企业工会的组建率约为 30%。

职工代表大会制度开始恢复重建。在扩大企业自主权、推行承包责任制的改革中，各级工会进一步健全职工代表大会制度，强调厂长负责制必须和职工民主管理相结合，明确职工代表大会是职工行使民主管理权力的机构，明确工会是职代会的工作机构并应发挥参与、监督、维护等作用。在劳动争议方面，截至 1991 年底，劳动争议调解委员会在全国近半数的企业建立。从 1989 年到 1991 年，调解劳动争议 15 万多起，成功率达 90%，在职工权益的维护等方面发挥了积极作用。

增强基层工会的活力是工会自身改革的中心环节。按照工会组织群众化、民主化的要求，全国总工会要求各级工会努力克服自上而下的“行政化”的工作方式，将工作重心下移，从职工群众的愿望和要求出发，开展基层工会的活动。如在工会组织体制的改革中，山东省潍坊市和江苏省常州市探索试行工会的代表制和联合制，在理顺地方工会与产业工会的关系、增强基层工会的活力方面进行了有益尝试。在工作方式方面，辽宁省朝阳市总工会的“四个放开”经验，即工作重点放开，由基层工会自主决定自己的工作重点；活动形式放开，由基层工会自主选择开展工作的有效方式；工作机构放开，由基层工会根据需要自主设立工作机构；领导方式放开，上级工会不直接干预基层工会的日常事务，上级工会应服务于基层，帮助其解决日常工作中遇到的问题和困难。

1985 年 8 月，全国总工会党组向中共中央和国务院报送了《关于工会参加党和政府的有关会议和工作机构的请示》，建议中共中央、国务院及其有关部委在研究制定有关国家经济和社会发展计划以及重大方针政策时，凡涉及职工切身利益问题时，通知全国总工会参加必要的会议和工作；吸收工会参加涉及职工利益的各项重大改革的领导机构；各产业部和地方也应参照上述原则，吸收地方产业工会、地方工会参与这方面的工作和活动。中共中央和国务院同意了全国总工会的请示。全国总工会和许多地方工会积极参与政府和地方关于企业劳动人事、工资分配、养老保险、待业保险和住房制度等改革方案的研究制定，创造了工会与政府或产业部召开联席（联系）会议的制度。

二、社会主义市场经济条件下的工会工作

（一）社会主义市场经济下的职工队伍状况

1992 年，党的十四大确立建立社会主义市场经济体制。随着计划经济体制向社会主义市场经济体制转变，非公有制经济已成为我国社会主义市场经济的重要组成部分，职工队伍也发生明显变化。非公企业中工人群体日益占据多数。截至 2011 年，非公企业占全国企业总数的比重超过 70%，非公企业职工

人数占全国职工总数的80%以上。从分布来看，从过去以国有、集体企业职工为主，发展到既包括国有、集体企业职工，又包括乡镇企业职工、非公有制企业职工、新兴产业职工和农民工。截至2012年底，全国就业人员76704万人，其中城镇就业人员37102万人。全国农民工总量达到26261万人，受教育程度高、职业期望值高、物质和精神享受要求高、工作耐受力低的“80后”、“90后”新生代农民工已经成为农民工的主体。

劳动关系多元化，且逐渐转变为以企业和劳动者所构成的互惠互利的关系。在劳动关系运行机制方面，开始全面市场化。伴随国家对劳动力统包统配制度的逐步改革，与社会主义市场经济相适应的劳动力市场形成。企业用工制度逐渐形成全民合同制职工与其他各类非长期用工（包括合同工、劳务派遣工、劳务协议工、非全日制用工等）相结合的劳动用工模式。劳动者自主择业、企业自主用人。然而，非全日制用工、劳务派遣工和劳务协议工与全日制工人相比，普遍存在劳动强度大，签订劳动合同的比例不高，合同期限短、内容不规范、履约不理想，同工不同酬、劳动安全条件差，职业病和工伤事故较多，福利待遇差、社会保障标准低等现象，有待进一步规范。农民工是这几种用工形式的主要群体。

随着经济社会的快速发展，职工收入普遍增长。然而，由于个人受教育程度、智力体力方面的差异以及就业方式的差别，职业群体之间的收入差别较大，并呈现利益群体分化的态势。2011年全国城镇非私营单位在岗职工年平均工资为42452元，全国城镇私营单位就业人员年平均工资为24556元。在一般企业中，干部与普通职工、城镇工与农民工、正式工与劳务派遣工之间，也存在明显不合理的收入差距。在劳动力市场化下，普通职工的就业形势严峻，工资收入较低，相对处于弱势。因而，加强工会组织建设工作，维护职工合法权益，对于推动劳动关系和谐发展、社会建设稳步前行意义重大。

（二）中国特色社会主义工会发展道路理论体系的形成

1993 年 10 月，中国工会十二大召开。江泽民同志在接见工会十二大主席团常务主席时，提出要“积极探索有中国特色社会主义工会工作的新路子”。大会选举尉健行同志为中华全国总工会主席。1994 年，《劳动法》颁布。全国总工会以此为契机，在 1994 年 12 月召开的第十二届二次执委会议上，提出工会工作总体思路：以贯彻和实施《劳动法》为契机和突破口，带动工会各项工作，推动自身改革和建设，把工会工作提高到一个新水平，在改革、发展、稳定中更好地发挥作用。抓住平等协商、签订集体合同这一重点，进一步加大对劳动关系的协调力度，突出工会的维护职能。

1998 年 10 月，中国工会十三大召开。大会贯彻党的十五大精神，强调工会工作必须坚持服务全局，突出依法维权，抓住工作重点，加强工会组建和自身建设。为认真贯彻党的十五届四中全会通过的《中共中央关于国有企业改革和发展若干重大问题的决定》，全国总工会在 1999 年的十三届三次主席团会议和十三届二次执委会上，提出“五突破一加强”的举措，即积极协助党政做好国有企业减员增效、下岗职工基本生活保障和再就业，深入实施送温暖工程，对特困职工承担“第一责任人”职责的工作要有新的突破；坚决维护职工的经济利益，进一步理顺劳动关系，推行平等协商和集体合同制度的工作要有新的突破；切实保障职工的民主权利，坚持和完善以职工代表大会为基本形式的企业民主管理制度，实行厂务公开和民主评议企业领导人的工作要有新的突破；推动国有独资和国有控股公司不断完善法人治理结构，建立一个全心全意依靠职工办企业的领导班子，董事会、监事会都要有职工代表参加的工作要有新的突破；加快新建企业工会组建步伐，最大限度地把职工组织到工会中来的工作要有新的突破；以改革的精神加强工会自身建设，认真解决工会领导机关的机构、机制、干部素质等方面不适应形势任务要求的突出问题。明确“三个最大限度”的工作目标，即最大限度地把广大职工组织到工会中来，最大限度地维护广大职工的合法权益，最大限度地保护、调动和发挥广大职工的积极性、创造性，明确“抓机制、办实事、转作风、求实效、促发展”的工作思路，着力提高工会工作的整体水平。

2003 年 9 月，中国工会十四大召开。大会强调工会要在党的领导下，围绕中心任务，精准定位，服务大局，把维护贯穿于推动改革、促进发展、积极参与、大力帮扶的全过程。大会明确把积极参与协调劳动关系和社会利益关系，促进劳动关系调整机制的建设更加完善，作为此后五年工会工作的任务之一。大会选举王兆国同志为全国总工会主席。

2004 年 7 月，全国总工会第十四届四次主席团（扩大）会议强调，要坚持从中国国情出发，探索有中国特色的社会主义工会工作新路子。2004 年 12 月，全国总工会第十四届二次执委会议把“组织起来、切实维权”确定为工会工作方针。2005 年 3 月，首次提出坚持走中国特色社会主义工会发展道路的命题。2005 年 7 月，全国总工会第十四届六次主席团会议通过了《关于坚持走中国特色社会主义工会发展道路的决议》。

2008 年 10 月，中国工会十五大召开。大会报告具体阐述了坚持走中国特色社会主义工会发展道路、建设中国特色社会主义工会问题，要求全面把握“五个坚持”和“四个必须”。2009 年，在坚定不移地走中国特色社会主义工会发展道路理论与实践研讨会上，进一步明确中国特色社会主义工会发展道路的八个方面的基本内涵，包括中国工会的历史使命、本质特征、政治保证、理论指导、基本职责等重大问题，揭示了中国工会的发展方向、发展目标、发展路径和发展动力。2012 年 1 月，全国总工会第十五届六次执委会通过《关于学习宣传实践中国特色社会主义工会发展道路的决议》，明确提出这条道路的核心是必须坚持党对工会的领导，根本是必须坚持工会的社会主义性质，关键是必须代表和维护职工群众合法权益。

（三）工会工作稳步推进

进入新世纪新阶段，全面建设小康社会成为全党和全国人民的宏伟奋斗目标。党和国家高度重视工人阶级和工会工作，为工会工作的发展提供良好的条件，指明前进方向。在党的领导下，中国工会团结带领广大职工群众深入贯彻落实科学发展观，促进经济社会全面发展，建设社会主义和谐社会，工人阶级始终走在建设中国特色社会主义伟大事业的最前列，主力军作用进一步发挥，工会工作也开创了新的局面。

面对形势发展变化和职工需求带来的新情况和新任务，各级工会从大局出发，把握工作重点，积极贯彻“组织起来、切实维权”的工作方针，促进劳动关系的协调稳定。组织起来是工会履行维护职能的前提，最大限度地把广大职工组织到工会中来是工会面临的重要任务之一。为加强基层工会工作，全国总工会于 2004 年 12 月和 2006 年分别制定了《关于加强基层工会工作的决定》和《企业工会工作条例》，开展了创建劳动关系和谐企业活动。

针对基层工会组织建设面临的新情况、新问题，积极探索工会组建的新形式。如以乡镇、街道及经济技术开发区、工业区、高新技术产业园区为区域建立工会联合会，以村级工会、“楼宇工会”、“市场工会”、“一条街工会”、“社区工会”等形式建立基层工会，这些创举促进了工会组织的发展。在外资企业突破阻力，组建工会，取得了新进展。截至 2013 年 6 月，全国基层工会组织有 275. 3 万个，会员总数 2. 8 亿人，其中包括

1.09亿农民工，职工入会率达81.1%。

积极推行厂务公开，加强职工民主管理；实施送温暖工程，推动帮扶工作经常化、制度化、社会化；千方百计帮助下岗职工实现再就业；发展职工互助合作保险；加强协调劳动关系机制建设，把推行平等协商和集体合同制度作为“牛鼻子”来抓。工会普遍建立劳动争议调解委员会，建立工会劳动争议调解员、兼职仲裁员队伍。截至2012年底，全国建立劳动争议调解委员会85.8万个，有调解员288.4万人。工会劳动法律监督组织77.8万个，有工会劳动法律监督员185.9万人。全国共有集体协商指导员14.9万人，其中专职人员2000多人。截至2013年6月底，全国签订集体合同的企业数已达584.8万个，共计244.6万份，涉及职工2.76亿人。

积极健全源头参与的工作机制。一是与政府等部门的联席（联系）会议制度进一步发展。进入新世纪以来，基层工会组织与同级行政部门的联席（联系）会议迅速扩大，制度愈加规范。截至2012年，30个省（区、市）建立联席（联系）会议制度，23个省的地（市）一级也全部建立。二是构建劳动关系三方协商机制。2001年8月由全国总工会、劳动和社会保障部、中国企业联合会/中国企业家协会组成的国家级劳动关系三方协商会议制度建立。2011年全国工商联纳入这一机制后，31个省（区、市）工商联也纳入同级三方机制。截至2012年底，全国各级地方、产业工会共参与建立2.4万个三方机制，其中省级32个、地级329个、县级2509个。

积极参与《劳动法》等法律起草和修改工作，促进依法建会、依法维权。1997年以来，全国总工会先后参与近300项全国性法律、法规的起草和制定，其中中国工会十三大之后的5年中参与的劳动立法达100多项。2001年10月，《工会法》进一步修改完善，确立了工会在各类用人单位中开展工作的法律规范，明确了维护职工合法权益是工会的基本职责以及工会的各项权利和义务，并增加了法律责任条款。

第四节　中国特色社会主义新时代的工会工作（2012 年以来）

党的十八大以来，中国特色社会主义进入新时代。党面临的主要任务是，实现第一个百年奋斗目标，开启实现第二个百年奋斗目标新征程，朝着实现中华民族伟大复兴的宏伟目标继续前进。工会深入学习贯彻习近平总书记关于工人阶级和工会工作的重要论述，牢牢把握我国工人运动的时代主题，围绕统筹推进“五位一体”总体布局和协调推进“四个全面”战略布局，深化主题劳动和技能竞赛，广泛开展“中国梦·劳动美”主题宣传教育，大力弘扬劳模精神、劳动精神、工匠精神，以农民工、城市困难职工、货车司机等群体为重点，扎实开展维护职工合法权益和服务职工工作，统筹推进产业工人队伍建设改革和工会改革，为全面建设社会主义现代化国家、全面推进中华民族伟大复兴而团结奋斗。

一、新时代中国职工队伍状况

党的十八大以来，习近平总书记始终高度重视工人阶级、真挚关怀工人阶级，为发展壮大工人阶级掌舵领航，广大职工坚定不移听党话、跟党走，成为党执政的坚实依靠力量、强大支持力量、深厚社会基础。中国职工队伍不断扩大，2012 年全国职工总数 3.5 亿人，2018 年全国职工总数 3.91 亿人，2022 年全国职工总数 4.02 亿人，其中新就业形态劳动者 8400 万人，农民工 2.93 亿人，职工平均年龄 38.3 岁、平均受教育年限 13.8 年，职工队伍整体呈现出昂扬向上、团结奋进、和谐稳定的良好态势。

职工理想信念更加坚定，发自内心爱戴拥护习近平总书记、对习近平新时代中国特色社会主义思想高度认同，充分赞誉新时代十年的伟大变革；对新时代新征程坚持和发展中国特色社会主义充满信心，更加认可向上向善的价值观念；对劳动和劳模工匠的推崇尊重日益深入。

职工就业规模继续扩大，就业方式更趋多样，全国城镇就业人数逐年增加，由 2017 年的 43208 万人增加到 2021 年的 46773 万人。就业呈现本地化趋势，2021 年本地农民工 12079 万人，比上年增长 4.1%。新就业形态劳动者成为职工队伍重要组成部分，主要包括货车司机、网约车司机、快递员、外卖配送员等群体。以男性青壮年为主，农业户籍人员比例较高，不同行业职工学历呈现明显差别，70.7%的货车司机学历在初中及以下水平，38.0%的网约车司机学历为大专及以上，快递员、外卖配送员学历集中在高中及以下水平。产业工人队伍发展壮大。产业工人平均年龄 38.29 岁，农业户籍占比 52.1%，中共党员和共青团员合计占比 36.4%，平均受教育年限 13.16 年，29.3%具有专业技术职称，82.7%集中在第二产业，第三产业的产业工人比例增长，77.6%集中在制造业和建筑业。职工受教育程度普遍提高，技术技能素质显著提升。高中及以上学历达 85.0%；大学本科及以上的占比 35.5%。第三产业职工平均受教育年限为 14.5 年，高于第一产业职工的 12.5 年和第二产业职工的 13.0 年。

职工主人翁地位持续巩固，参与管理国家事务和社会事务、管理经济和文化事业的权利得到充分保障，知情权、参与权、表达权、监督权有效落实，协商共决涉及职工切身利益问题的话语权不断提升。职工主力军作用充分发挥，积极投身“当好主人翁、建功新时代”、“建功‘十四五’、奋进新征程”等主题劳动和技能竞赛，在推动高质量发展中彰显作为。踊跃参加群众性创新活动，在实施制造强国战略中发挥作用。全方位投入一线群防群治、医疗设施建设、防护用品生产和民生保障等，在抗疫大战大考中展示力量。

二、新时代工会工作的重要进展和成效

新时代十年，在中国工运史上是具有里程碑意义的重要时期。各级工会全面贯彻习近平新时代中国特色社会主义思想，贯彻落实习近平总书记关于工人阶级和工会工作的重要论述，始终坚持党的全面领导、保持工会工作正确政治方向，始终坚持守正创新、勇于担当作为，新时代工会工作取得历史性成就。

坚持自觉接受党的领导，工会工作始终沿着习近平总书记指引的方向前进。各级工会把坚持党的领导作为工会工作的最高政治原则和根本保证，推动工会干部和职工群众深刻领悟“两个确立”的决定性意义，不断增强“四个意识”、坚定“四个自信”、做到“两个维护”，在思想上政治上行动上始终同以习近平同志为核心的党中央保持高度一致。坚决抓好学习贯彻习近平总书记重要指示批示和党中央重大决策部署制度、党组会议“第一议题”制度、向党中央请示报告重大事项制度。全面贯彻习近平新时代中国特色社会主义思想，采取多种形式推动党的创新理论进企业、进车间、进班组，持续开展“中国梦·劳动美”主题宣传教育和“永远跟党走、奋进新征程”、“喜迎二十大、建功新时代”等系列活动，广大职工听党话、跟党走的政治信念更加坚定。坚持以党的政治建设为统领，全面加强工会系统党的建设，创建“忠诚党的事业、竭诚服务职工”模范政治机关，推动工会系统全面从严治党不断引向深入。

坚持贯彻党的全心全意依靠工人阶级方针，推动工人阶级队伍不断发展壮大。各级工会始终坚持激发广大职工主人翁精神，推动全心全意依靠工人阶级方针贯彻到党和国家政策制定、

工作推进全过程，落实到企业生产经营各方面。自2017年党中央启动产业工人队伍建设改革以来，各级工会认真履行牵头抓总职责，部署开展产改“深化年”和“提升年”行动，产改从“试点探索”到“区域展开”再到“全面铺开”，取得重要阶段性成果。党中央、国务院及相关部门出台配套文件100多个，全国总工会出台相关文件20多个，31个省（区、市）均已出台改革实施方案及配套政策文件。扎实开展稳定制造业工人队伍、发展壮大工人阶级队伍课题调研，推动出台《关于加强新时代高技能人才队伍建设的意见》等，构建产业工人技能形成体系和激励机制。

坚持围绕中心服务大局，工会组织在推进新时代党和国家事业发展中的作用充分彰显。各级工会立足新发展阶段、贯彻新发展理念、构建新发展格局，推动高质量发展，围绕实施制造强国战略、创新驱动发展战略，持续开展“践行新理念、建功‘十三五’”、“当好主人翁、建功新时代”、“建功‘十四五’、奋进新征程”主题劳动和技能竞赛。广泛组织职工参与技术革新、技术协作、发明创造、合理化建议、网上练兵和“五小”等群众性创新活动，2017年至2021年，全国基层企事业单位职工共提出合理化建议4203.5万件，开展技术革新233.4万项、职工发明创造100.4万项、取得国家专利100.3万项、推广先进操作法73.1万项。大力弘扬劳模精神、劳动精神、工匠精神，成功举办首届大国工匠创新交流大会和首届大国工匠论坛，命名297家全国示范性劳模和工匠人才创新工作室，示范带动创建各级各类创新工作室8.2万余家，20个一线产业工人创新项目获国家科学技术进步奖。

坚持履行维权服务基本职责，职工群众的获得感、幸福感、安全感得到明显提升。各级工会坚持以职工为中心的工作导向，源头维护职工合法权益，参与《工会法》等法律法规政策制定修改。积极推进稳就业保就业，十年来组织招聘会 9 万余场次，培训超过 2000 万人次。扎实开展城市困难职工解困脱困工作，工会建档立卡的 549.87 万户困难职工家庭全部如期实现解困脱困。聚焦新就业形态劳动者，推动出台《关于维护新就业形态劳动者劳动保障权益的指导意见》，大力推行“重点建、行业建、兜底建”模式，最大限度把他们组织到工会中来，最大限度维护他们的合法权益。推动构建和谐劳动关系，坚定维护劳动领域政治安全，做好劳动领域风险矛盾防范化解工作，健全落实“五个坚决”要求长效机制，守牢“五个不发生”目标底线。

坚持守正创新深化改革，工会组织吸引力凝聚力战斗力显著增强。各级工会聚焦保持和增强政治性、先进性、群众性，贯彻落实党中央关于工会改革的部署，全国总工会作为中央群团机关改革试点单位如期完成改革任务，推动工会改革不断向基层延伸、向纵深发展。工会领导机关精简人员编制，提高领导机构中劳动模范和一线职工代表比例，全国总工会执委、主席团成员中劳动模范和一线职工比例为 20.1%；全国 31 个省级地方工会配备挂职兼职副主席 143 名，其中劳动模范和一线职工兼职副主席 65 名。深化基层工会建设，开展基层工会建设年、落实年活动和“强基层、补短板、增活力”行动，加强基层工会规范化建设，基层工会实现了建起来转起来活起来。加强干部队伍建设，连续两年开展工会机关干部赴基层蹲点工作，全国总工会机关选派 23 个工作组 84 名干部，带动工会领导机关选派 19330 名干部，深入基层解决问题，取得了明显的工作成效。

思考题：

1. 中国工会在新民主主义革命中的历史作用是什么？
2. 新中国关于工会理论的探讨的历史启示是什么？
3. 阐述新时代工会工作取得的成就。

第五章　中国工人阶级和中国工会的性质

习近平总书记强调，工人阶级是我国的领导阶级，是先进生产力和生产关系的代表，是坚持和发展中国特色社会主义的主力军。中国工会是中国共产党领导的职工自愿结合的工人阶级群众组织，始终在党的领导下，坚持政治性、先进性、群众性的有机统一。坚持和发展中国特色社会主义，必须全心全意依靠工人阶级、巩固工人阶级地位，充分发挥工人阶级的主力军作用，发挥工会组织的桥梁纽带作用。

第一节　中国工人阶级的性质

我国工人阶级从诞生之日起，就具有区别于其他国家工人阶级的独特优点，是我国最先进的伟大阶级，是我们党最坚实最可靠的阶级基础。

一、中国工人阶级是我国最先进的伟大阶级

马克思主义认为，工人阶级随着产业革命而产生和发展，以出卖劳动力为生、以工资收入为主要生活来源，这种社会经济地位决定了他们的阶级特性。工人阶级是最先进的阶级，与最先进的经济形式相联系，力量最集中，掌握先进技术知识最多，代表着新的生产力和生产关系；工人阶级是具有远大前途的阶级，大工业越是发展，工人阶级队伍力量也越强大；工人

阶级是最革命最坚决最彻底的阶级，觉悟程度最高，在斗争中勇往直前，不仅是资本主义制度的埋葬者，而且是社会主义、共产主义社会的创建者；工人阶级是最有组织性纪律性的阶级，具有大公无私、团结互助的优良品质。

在我们党领导人民奋斗的历史进程中，中国工人阶级始终紧跟党的前进步伐，积极投身革命、建设、改革的时代洪流，始终坚定地走在全民族伟大奋斗的最前列，勇挑重担，发挥了先进阶级的重要作用，展现出领导阶级的伟大力量。

1919 年五四运动爆发，以上海为中心的全国工人政治大罢工，推动了这一爱国运动取得决定性胜利，彰显了工人阶级的革命性、组织性和斗争性，标志着中国工人阶级以独立的姿态登上历史舞台，工人阶级取代资产阶级成为革命领导者。经过五四运动的锻炼，工人阶级提高了阶级自觉性，工人斗争日益发展，规模也不断扩大。五四运动促使马克思主义开始与中国工人运动相结合，1921 年中国共产党的诞生就是这种结合的产物。中国共产党的建立，标志着工人阶级实现了从自在阶级向自为阶级的转变。作为革命的中坚力量，工人阶级在党的领导下，始终站在斗争的最前列，在震惊中外的五卅反帝爱国运动和省港大罢工中；在一举收回汉口、九江英租界的反帝斗争中；在上海举行三次武装起义和推翻北洋军阀统治的斗争中；在抗日战争和人民解放战争中，为推翻帝国主义、封建主义和官僚资本主义三座大山，完成新民主主义革命，建立新中国，实现国家独立和人民解放，进行了艰苦卓绝的斗争，用鲜血和生命谱写了可歌可泣的历史篇章。

新中国成立后，我国进入社会主义革命和建设时期。面对复杂形势和种种困难，工人阶级作为国家的领导阶级，坚决响应党的号召，以极大的政治热情和革命精神投入巩固、建设新中国的伟大斗争中。参加医治战争创伤，恢复和发展国民经济，为实现第一个五年计划而奋斗；参加抗美援朝、土地革命和镇压反革命，巩固新生人民政权；坚决贯彻落实党在过渡时期的总路线，参加“三反”、“五反”运动与推动完成农业、手工业和资本主义工商业的社会主义改造；推动建立社会主义基本经济制度，广泛参与劳动竞赛和建功立业活动，全面开展社会主义建设，为建成独立的、比较完整的工业体系和国民经济体系贡献力量；坚决贯彻调整国民经济“八字方针”，克服三年自然灾害等严重困难；坚决抵制和反对“四人帮”，坚守岗位、坚持生产。中国工人阶级为完成党和政府提出的一系列重大任务，付出了艰苦努力，创造了辉煌业绩，唱响了“咱们工人有力量”的时代凯歌。

党的十一届三中全会开启了改革开放和社会主义现代化的伟大征程。在改革开放的历史进程中，我国工人阶级坚决拥护党的改革开放政策，立足本职、争创一流，顽强拼搏、开拓创新，坚定地走在时代发展的前列，历史性地担负起领导阶级的使命，成为党和国家事业发展的坚强脊梁，创造了一个又一个人间奇迹。从改革之初的城市经济体制改革，到建立社会主义市场经济体制和逐步深化国有企业改革，再到进入新世纪新阶段完善社会主义市场经济体制、全面建成小康社会等各个时期，亿万职工始终以高度的主人翁精神和伟大的创造力量，为不断深化改革、促进国民经济跨越式发展和社会全面进步，作出了不可磨灭的巨大贡献。特别是在深刻而复杂的国有企业改革中，从推行承包经营到建立现代企业制度，从劳动用工制度改革到企业破产兼并、减员增效等一系列改革中，广大职工识大体、顾大局，自觉维护改革发展稳定的大局，保证了改革的顺利推进，集中展示了工人阶级的时代风采，向党和人民交上了一份合格的答卷。

党的十八大以来，中国特色社会主义进入新时代。在以习近平同志为核心的党中央坚强领导下，我国工人阶级以高度的主人翁使命感和历史责任感，积极投身进行伟大斗争、建设伟大工程、推进伟大事业、实现伟大梦想的火热实践，在实现中华民族伟大复兴的中国梦的征程中众志成城、开拓进取，用劳动筑梦，以实干圆梦，推动党和国家事业取得全方位、开创性的历史性成就，发生深层次、根本性的历史性变革，中华民族迎来了从站起来、富起来到强起来的伟大飞跃。在抗击新冠肺炎疫情的人民战争、总体战、阻击战中，广大医务人员冲锋在疫情防控第一线，义无反顾、不畏艰险，日夜奋战救治患者；生产相关应急药品、医疗器械、防护用品的企业职工第一时间复工复产，全力保证防疫物资供应；承担重点防疫项目建设职工昼夜奋战、不辞辛劳，高质量、高效率完成施工任务；交通运输、电力保障、市场供应等行业职工坚守岗位、迎难而上，携手共筑坚强后盾；广大科技工作者协同推进科研攻关，提供了有力科技支撑；广大职工和社会各界伸出援手，万众一心、共克时艰，为疫情防控、复工复产和经济社会秩序恢复作出了重大贡献，弘扬了“生命至上、举国同心、舍生忘死、尊重科学、命运与共”的伟大抗疫精神，彰显了工人阶级和广大人民群众的伟大力量。

二、全心全意依靠工人阶级

习近平总书记在党的二十大召开期间参加广西代表团讨论时，与产业工人代表亲切交谈，开宗明义对工人阶级在全面建设社会主义现代化国家中的地位作用予以高度肯定，旗帜鲜明地强调紧紧依靠工人阶级是必不可少的，工人阶级代表先进生产力；不能瞧不起产业工人，一定要看实际贡献。

中国共产党的阶级基础是工人阶级，工人阶级孕育了中国共产党。坚持全心全意依靠工人阶级，充分发挥工人阶级主力军作用，把广大职工群众紧紧团结在党和政府周围，是中国特色社会主义的一个鲜明特点。我们党自成立之日起，就把自己定性为工人阶级政党，把工人阶级作为最可靠的力量，在领导伟大事业和推进重要工作时，历来高度重视我国工人阶级的作用。在领导新民主主义革命、社会主义革命和建设、改革开放和社会主义现代化建设的历史进程中，党始终高度重视依靠工人阶级。新中国成立前夕，中国革命即将取得全国性胜利，党的工作重心即将由农村转向城市，中国社会也即将由新民主主义社会逐步发展到社会主义社会，在这一关键的历史时刻，毛泽东同志在党的七届二中全会上提出，“我们必须全心全意地依靠工人阶级”。新中国成立后，我们党紧紧依靠工人阶级，顺利进行了社会主义改造，完成了从新民主主义到社会主义的过渡，确立了社会主义制度，初步建立起独立的、比较完整的工业体系和国民经济体系，开启了改革开放和社会主义现代化的伟大征程，现在正在为全面建成社会主义现代化强国、实现第二个百年奋斗目标而不懈奋斗。习近平总书记指出，实现中华民族伟大复兴的中国梦，根本上要靠包括工人阶级在内的全体人民的劳动、创造、奉献。在新的历史条件下坚持全心全意依靠工人阶级方针，关系到巩固党的阶级基础和执政地位，关系到中国特色社会主义事业兴衰成败，也关系到中国工运事业的未来发展，是亟须正确认识和处理好的重大原则问题。

我国工人阶级是我们党最坚实最可靠的阶级基础。在当代中国，工人阶级和广大劳动群众始终是推动我国经济社会发展、维护社会安定团结的根本力量。那种无视我国工人阶级成长进步的观点，那种无视我国工人阶级主力军作用的观点，那种以为科技进步条件下工人阶级越来越无足轻重的观点，都是错误的、有害的。不论时代怎样变迁，不论社会怎样变化，我们党全心全意依靠工人阶级的根本方针都不能忘记、不能淡化，我国工人阶级地位和作用都不容动摇、不容忽视。全心全意依靠工人阶级的方针没有变也不会变。

全心全意依靠工人阶级不能只当口号喊、标签贴，应对重大挑战、抵御重大风险、克服重大阻力、解决重大矛盾，以新的精神状态和奋斗姿态把中国特色社会主义推向前进，要求必须把全心全意依靠工人阶级方针贯彻到经济、政治、文化、社会、生态文明建设以及党的建设各方面，落实到党和国家制定政策、推进工作全过程，体现到企业生产经营各环节，做到在政治上保证、制度上落实、素质上提高、权益上维护。

社会主义是干出来的，新时代也是干出来的。把美好蓝图变成生动实践，是全党全国人民的共同任务，更是工人阶级的庄严使命。这一使命，既为工人阶级更好地发挥主力军作用提供了广阔舞台，也对工人阶级提出了新的更高要求，我国工人阶级将团结一心、砥砺前行，为全面建设社会主义现代化国家、全面推进中华民族伟大复兴贡献更多智慧和力量。

第二节　中国工会的性质

习近平总书记在中央党的群团工作会议上强调，要切实保持和增强党的群团工作和群团组织的政治性、先进性、群众性，筑牢党同人民血肉相连的纽带。这“三性”，抓住了群团工作的本质属性，确立了群团组织的基本定位，深刻回答了群团事业坚持什么原则、朝着什么目标努力的根本问题。保持和增强“三性”，是党中央对群团工作和群团组织最重要的要求。

从我国工会的性质来看，保持和增强“三性”尤为迫切和必要。中国工会从成立起，始终在党的领导下，坚持政治性、先进性、群众性的有机统一。我国《工会法》第二条规定：“工会是中国共产党领导的职工自愿结合的工人阶级群众组织，是中国共产党联系职工群众的桥梁和纽带。”《中国工会章程》总则开宗明义规定：“中国工会是中国共产党领导的职工自愿结合的工人阶级群众组织。”这句话是中国工会的定性。“中国共产党领导的”体现了政治性，“职工自愿结合的”体现了群众性，“工人阶级群众组织”体现了先进性。

一、工会的政治性

习近平总书记强调，政治性是群团组织的灵魂，是第一位的。离开了政治性，群团组织就容易产生脱离党的领导的倾向，就会庸俗化，就会成为一般社会组织，甚至会走向邪路。这一重要论述，深刻揭示了包括工会组织在内的党领导的群团组织与一般社会组织的本质区别。

（一）保持和增强政治性，关键是始终坚持中国共产党的领导

党的二十大报告指出，坚持和加强党中央集中统一领导。党的领导是全面的、系统的、整体的，必须全面、系统、整体加以落实。坚持党对工会的领导，这是工会工作必须时刻遵循的重大政治原则，也是工会工作的根本政治保证。只有坚持党对工会的领导，才能保证我国工会的正确政治方向，切实履行工会的社会职能，充分发挥工会的重要作用。要始终把工会组织置于党的领导之下，发扬自觉接受党的领导优良传统，在思想上政治上行动上同以习近平同志为核心的党中央保持高度一致。要坚持以习近平新时代中国特色社会主义思想为指导，始终保持正确政治方向，坚决维护习近平总书记党中央的核心、全党的核心地位，坚决维护党中央权威和集中统一领导，坚决贯彻党的意志和主张，严守政治纪律和政治规矩，在大是大非面前立场坚定、旗帜鲜明，在关键时刻敢于冲锋陷阵、发声亮剑。

（二）保持和增强政治性，必须毫不动摇坚持中国特色社会主义工会发展道路

中国特色社会主义是改革开放以来党的全部理论和实践的主题，是党和人民历尽千辛万苦、付出巨大代价取得的根本成就。在中国共产党的正确领导下，中国工会在近百年奋斗历程，特别是改革开放40多年坚持和发展中国特色社会主义的历程中，走出了一条中国特色社会主义工会发展道路，这既是一个系统化、理论化的科学体系，也是中国工人运动的伟大实践。中国特色社会主义工会发展道路是中国特色社会主义道路的重要组成部分，深刻反映了中国工会的性质和特点，是工会组织和工会工作始终沿着正确方向前进的重要保证，要始终坚持这条道路，不断拓展这条道路，努力使这条道路越走越宽广。要全面把握中国特色社会主义群团发展道路“六个坚持”的基本要求和“三统一”的基本特征，承担起引导职工群众听党话、跟党走的政治责任，这是衡量工会工作做得好不好的政治标准，要把这个标准牢固树立起来、始终坚持下去，任何时候都绝不忽视、绝不淡化、绝不遗忘。中国特色社会主义进入新时代，各级工会要更加自觉地增强道路自信、理论自信、制度自信、文化自信，坚定不移走中国特色社会主义工会发展道路，政治定力要更强，聚焦发力要更准，工作作风要更实。要把自觉接受党的领导、团结服务职工群众、依法依章程开展工作有机统一起来，把党的意志和主张落实到广大职工群众中去，变成职工群众的自觉行动。

（三）保持和增强政治性，要切实加强和改善党对工会的领导

加强和改善党对工会的领导，要求各级党组织将这一工作提高到加强党的执政能力建设的高度来认识，充分认识工会组织在国家政治、经济和社会生活中的重要地位及其重要社会功

能，高度重视和大力支持各级工会组织依法依章程，独立自主、创造性地开展工作。要通过加强和改善党对工会的领导，使工会组织同党中央在思想上政治上行动上保持高度一致，在协调劳动关系、维护职工合法权益、促进社会和谐稳定、推进全面建成小康社会等方面，充分发挥工会组织的作用。

1. 加强党对工会的政治领导。

党对工会的领导集中体现在政治路线、政治方向、政治原则、重大决策等方面，而不是指包揽工会的日常工作和具体事务。党对工会的政治领导，一方面要求党的各级组织必须重视工会工作，对工会工作进行及时有效的领导；另一方面要求工会组织在开展各项工作中，凡是涉及政治方向、政治原则等重大问题时，必须事先向党组织请示汇报，主动争取党组织的领导和支持，以确保工会工作始终保持正确的政治方向。

2. 加强党对企业工会工作的领导。

企业工会工作是工会工作的重要基础和前沿阵地，也是处理和解决劳动关系矛盾的主要领域。加强和改善党对企业工会工作的领导，对于发挥企业工会组织的作用具有重要的意义。《中共中央关于进一步加强和改进国有企业党的建设工作的通知》指出："坚持党对国有企业的政治领导，发挥国有企业党组织的政治核心作用，充分依靠和调动职工群众的积极性和创造性。"这就要求企业党组织要通过加强对工会的领导，把全心全意依靠工人阶级的方针落到实处，充分发挥职工群众的积极性，促进企业的改革与发展。在国有企业中，加强党对工会的领导并通过工会作用的积极发挥，有利于调动职工的积极性，有利于维护职工的合法权益，对于进一步推动国有企业改革、改制工作和促进企业的发展，具有重要的现实意义。对于非公有制企业，各级党组织尤其是地方党委，要积极支持工会按照"组织起来、切实维权"的工作方针，最大限度地把广大职工组织到工会中来，最大限度地维护职工的合法权益，从而达到职工与企业经营者共谋企业发展、互利双赢的目标。

3. 加强工会组织内部党的建设。

1989 年，中共中央印发的《关于加强和改善党对工会、共青团、妇联工作领导的通知》明确规定，要在工会组织内部体现和实现党的领导，就是要按照党的要求，充分发挥工会中的党组织和党员的作用，把党的路线方针政策落实好，把职工群众团结好。《中国共产党党组工作条例》第十九条明确规定，党组应当加强对本单位统战工作和工会、共青团、妇联等群团工作的领导，重视对党外干部、人才的培养使用，更好团结带领党外干部和群众，凝聚各方面智慧力量，完成党中央和上级党组织交给的任务。具体体现在，通过工会内部党组织的活动以及党员的先锋模范作用来实现党的意志，宣传贯彻党的方针政策，从而使党的主张经过工会的民主程序，变成工会组织的决议和广大职工群众的自觉行动。

4. 支持工会依法独立自主地、创造性地开展工作。

中共中央印发的《关于加强和改善党对工会、共青团、妇联工作领导的通知》指出，工会要在党的统一领导下，遵循党的基本路线，围绕党在每个时期的中心任务进行工作。同时，党组织应当支持工会依照法律和章程，执行他们上级组织的决议，独立自主地、创造性地开展工作。《中共中央关于进一步加强和改进国有企业党的建设工作的通知》明确规定，党要“领导和支持工会、共青团等群众组织依照法律和各自的章程，独立自主地开展工作”。《中共中央关于加强和改进党的群团工作的意见》强调指出，尊重包括工会在内的群团组织的性质和特点是做好群团工作的重要原则。各级党组织要支持群团组织发挥各自优势、体现群众特点，创造性地开展工作。群团组织要大胆履责、积极作为，依法依章程开展活动、维护群众权益，最广泛地吸引和团结群众。这表明，党尊重工会在组织上的相对独立性、尊重法律赋予工会的地位、权利和义务，支持工会旗帜鲜明地依法维护职工群众的合法权益。按照这一原则精神，各级党组织要根据工会工作所面临的实际情况，大力支持和指导工会组织开展好工作，以保证工会工作始终能够坚持正确的政治方向。当前，随着劳动关系的复杂多样化，工会维权工作面临更多挑战，要求工会必须在协调和解决劳动关系矛盾、维护职工群众合法权益中不断创新工作思路和工作方法。这都需要得到党的坚强领导和有力支持。

二、工会的先进性

习近平总书记强调指出，工会必须把保持和增强先进性作为重要着力点，引领工人阶级跟党走、使之成为党最坚实最可靠的阶级基础。先进性是群团工作的力量之源。工会承担着组织动员广大职工群众为完成党的中心任务而奋斗的重大责任，新时代工会组织必须进一步增强先进性。

（一）中国工会的先进性体现在有先进政党的领导

中国工会是中国共产党领导的职工自愿结合的群众组织，这是中国工会的鲜明特色。我们党是先进的马克思主义政党，把握住了中国社会的发展规律，开辟了中国特色社会主义发展道路。中国工人运动发展的历史说明，我们党作为中国一切事业的领导核心，在政治上统一领导工会等群团组织是历史发展的必然。工会组织在实践中深刻认识到，党的领导是做好工会工作的根本保证，是工会组织在国家政治生活中享有重要地位的根本保证。始终要把自觉接受党的领导作为工会工作的首要原则，作为中国特色社会主义工会发展道路的第一要求。所以，在决胜全面建成小康社会、夺取新时代中国特色社会主义伟大胜利、实现中华民族伟大复兴的中国梦这一伟大历史进程中，中国工会坚持在中国共产党的领导下开展活动，体现了工会组织的先进性，是工会组织唯一正确的选择。

（二）中国工会的先进性体现在有先进的理论指导

在长期实践中，中国工会在党的领导下，坚持以马克思主义中国化时代化的理论成果作为自己的指导思想，结合中国工运实际，创造性地形成了中国特色社会主义工会发展道路理论。中国特色社会主义工会发展道路是新的历史条件下党的工会工作理论的创新，是工会工作的实践总结，深刻反映了中国工会坚持走中国特色社会主义道路的高度自觉。实践证明，中国特色社会主义工会发展道路适应时代要求、符合基本国情、体现工会性质、契合工运规律，是指引中国工运事业蓬勃发展的必由之路和胜利之路，是工会组织和工会工作始终沿着正确方向前进的重要保证，奠定了工会组织先进性的基础。

（三）中国工会的先进性体现在有先进的阶级基础

马克思主义认为，生产力是全部社会历史的基础，是社会发展的最终决定力量。衡量一个阶级是否具有先进性，主要看它是否是先进生产力的代表，是否代表着人类社会的前进方向。我国工人阶级的产生同社会化大生产相联系，属于中国社会的先进阶级，而中国工会就是依靠这个阶级组建起来的。所以，工会的先进性具有与生俱来的重要阶级基础。

随着改革开放和现代化建设的发展，我国工人阶级队伍不断壮大，思想道德素质和科学文化水平日益提高，工人阶级的先进性也在不断发展。在党的领导下，工人阶级始终是中国政治、经济生活的中坚力量，引领着社会发展的前进方向。2013年10月，中国工会十六大通过的《中国工会章程》进一步扩展了“会员”的内涵和外延，除传统产业工人外，将分布在各行各业的知识分子、高级管理人员、各新兴产业的劳动者等工人阶级新成员都纳入会员范畴。2021 年 12 月修改的《工会法》第三条中新增一款规定，工会适应企业组织形式、职工队伍结构、劳动关系、就业形态等方面的发展变化，依法维护劳动者参加和组织工会的权利，明确了包括新就业形态劳动者在内的非传统就业形态劳动者参加和组织工会的权利，最大限度地把职工群众团结到工会组织中来，进一步夯实了工会先进性的阶级基础。

三、工会的群众性

习近平总书记强调，群众性是群团组织的根本特点。离开了群众性，群团组织就容易走向官僚化、空壳化。只有大力加强基层组织建设，形成联系群众的长效机制，进万家门、访万家情、结万家亲，才能真正同群众打成一片，增加群团组织的吸引力和影响力。同时，要更多地把普通群众中的优秀人物纳入组织，增强广泛性和代表性，让广大人民群众从心底里感到群团组织是自己的组织。

（一）群众性是工会组织的根本特点

群团组织开展工作要以群众为中心，而不能让群众当配角、当观众。如果失去了群众性，工会组织和工会工作就成了无源之水、无本之木，政治性和先进性的要求也难以真正得到落实。工会是职工自愿结合的产物，这是工会存在、发展和开展活动的基本前提。组织和加入工会是工人阶级群众的一项基本权利，这项基本权利是建立在工人阶级群众自觉自愿基础之上的。自愿性是反映工会群众性的基本特征之一，无论是加入工会组织，还是参加工会组织的各项活动，都凭职工群众的自觉自愿。也就是说，职工群众的利益诉求和兴趣爱好是工会开展各项工作的依据。工会只有从大多数职工的意愿要求出发开展工作，才能在职工队伍中树立威信，获得支持，形成力量。工会的发展壮大，就是通过代表和维护职工的合法权益，以吸引广大职工参加这一组织，采用的工作方式和手段也只能是对广大职工的服务和引导。保持和增强群众性，要求各级工会以职工群众为中心，让更多的职工群众参与到工会活动的设计、工会工作的部署中来，让更多的职工群众参与到送温暖和帮扶困难职工、选树表彰先进典型、维护职工合法权益、职工教育培训等工作中来，改变一些工会组织自弹自唱、自娱自乐、隔空喊话、封闭运行的倾向。

（二）维护职工合法权益、竭诚服务职工群众是工会一切工作的出发点和落脚点

维护职工合法权益、竭诚服务职工群众是工会的基本职责，是工会落实以人民为中心的发展思想、践行全心全意为人民服务根本宗旨的必然要求，更是工会安身立命之本。保持和增强群众性，要求工会在维权和服务上更加有为，为党分忧、为民谋利。新的赶考路上，工会必须坚持以职工为中心的工作导向，把维权服务工作放到促进共同富裕的大局中去思考和谋划，找准定位、发挥优势。突出问题导向和职工需求导向，紧紧围绕劳动就业、技能培训、收入分配、社会保障、安全卫生等问题，加大劳动合同、集体协商与集体合同、职代会以及工会法律援助等工作力度，让广大职工更多更公平分享改革发展成果。要更多关注、关心、关爱普通职工，着重关注新就业形态劳动者、农民工、困难职工等群体，把工作力量更多地投向一线职工、困难职工群体和矛盾突出的地区和领域。坚持眼睛向下、面向基层，形成密切联系职工群众的长效机制，推动解决职工群众需要解决的问题，增强工会组织的吸引力和影响力。切实提高工会对职工和会员群众的代表性，让更多的优秀职工、农民工成为工会（会员）代表大会的代表，成为各级工会委员会的委员，成为各级工会领导机关的工作人员，参与到工会工作中来，

让广大职工群众从心底感到工会是自己的组织。

四、保持和增强政治性、先进性、群众性

保持和增强政治性、先进性、群众性，是工会工作的根本标尺和长期任务。新的征程上，回答好中国工会“是什么、干什么、怎么干”问题，就是要把增强政治性、先进性、群众性作为主线，凡不符合的都要坚决地改，凡是能增强的都要坚决地做，做到所有工作、所有活动、所有服务都要在保持和增强政治性、先进性、群众性下来进行。

保持和增强政治性，坚守工会组织的灵魂。保持和增强政治性关键是要坚持中国共产党的领导，把正方向、引对道路，承担起引导职工群众听党话、跟党走的政治责任。只有坚持党的领导，工会工作才能方向明确、不走偏路，才能做得有声有色、扎实有效。在坚持党的领导这个根本问题上，工会必须旗帜鲜明、立场坚定。要通过工会扎实有效的工作，把坚持党的领导和社会主义制度落实到广大职工群众中去，生根发芽，落地开花。要坚持中国特色社会主义工会发展道路，努力使这条道路越走越宽广。

保持和增强先进性，把握工会工作着力点。保持和增强先进性，要牢牢把握为实现中华民族伟大复兴的中国梦而奋斗的时代主题，把推动科学发展、实现稳中求进作为发挥作用的主战场，把做好新形势下职工群众工作、调动职工群众积极性和创造性作为中心任务，组织动员广大职工群众走在时代前列，在改革发展稳定第一线建功立业。深入实施科教兴国战略、人才强国战略、创新驱动发展战略，把提高职工队伍整体素质作为一项战略任务抓紧抓好。加强和改进职工思想政治工作，多做组织群众、宣传群众、教育群众、引导群众的工作，多做统一思想、凝聚人心、化解矛盾、增进感情、激发动力的工作，

使广大职工在理想信念、价值理念、道德观念上紧紧团结在一起。

保持和增强群众性，突出工会组织根本特点。密切联系群众是工会组织建设的永恒主题，离开了群众性，工会组织就容易走向官僚化、空壳化。工会是做群众工作的，在坚持党的群众路线、密切联系职工群众方面要作表率，把群众路线作为工会工作的生命线和根本工作路线。认真履行维护职工合法权益、竭诚服务职工群众的基本职责，哪里的职工合法权益受到侵害，哪里的工会就要站出来说话。以职工为中心、让职工当主角，坚持眼睛向下、面向基层，力量配备、服务资源向基层倾斜，着力扩大覆盖面、增强代表性，着力强化服务意识、提高维权能力，着力加强队伍建设、提升保障水平，切实增强工会组织的凝聚力。

思考题：

1. 中国工人阶级的性质是什么？

2. 结合工作实际，谈谈如何保持和增强中国工会的政治性、先进性、群众性。

第六章　中国工会的职能和基本职责

习近平总书记指出，保障职工群众经济、政治、文化、社会权益是我国社会主义制度的根本要求，是党和国家的神圣职责，也是发挥广大职工群众积极性、主动性、创造性最重要最基础的工作；强调工会要坚持以职工为中心的工作导向，抓住职工群众最关心最直接最现实的利益问题，认真履行维护职工合法权益、竭诚服务职工群众的基本职责。工会的职能是工会实践活动的基本方向和内容。工会基本职责是工会的根本职责和首要职责，是工会履行各项社会职能的基础工作和首要任务。中国工会的职能和基本职责是由工会的地位和作用决定的，与中国工会的产生、目标和任务紧密相连。为适应社会主义市场经济发展和劳动关系新变化，顺应职工群众的新期待、新需求，中国工会通过履行职能和基本职责，充分发挥职工利益代表者和维护者的作用。

第一节　工会的职能

工会的职能是工会通过自身职责的确定和履行所发挥的社会功能，即工会的社会职责与社会功能的有机统一。职责，所要说明的是工会这个社会组织究竟是干什么的，它有哪些社会责任，应该干什么和能够干什么。功能，是指工会在履行了自身职责之后，会起到什么样的社会效果、社会作用，具有什么样的社会价值。

一、工会职能的基本含义

（一）工会职能体现工会的基本性质

存在于社会上的各种组织，是通过职责的划分实现社会分工的。而各种社会组织的不同性质是进行社会分工的基本依据。工会职能是以工会为主体的社会实践活动，当然要体现工会的性质。只有从工会的性质出发，才能明确工会的职责与其他社会组织的职责有哪些不同。中国工会是中国共产党领导的职工自愿结合的工人阶级群众组织，是党联系职工群众的桥梁和纽带，是国家政权的重要社会支柱，是会员和职工利益的代表。工会在实践活动中的工作职责和社会功能应该符合这种基本性质。

（二）工会职能规范工会的社会实践活动

工会的工作职责和它所应当发挥的社会功能，是对工会社会实践活动的规范化要求。工会的地位和作用只有通过职能才能在社会实践活动中得到体现。工会职能的科学确定，及其在社会实践活动中的充分履行，是为了避免工会这一社会组织主体行为的自发性、盲目性和随意性，从而使明确的目的性贯穿于工会的整个社会实践活动中。

（三）工会职能涉及的是工会社会实践活动的基本方面

工会社会实践活动的具体内容是丰富多彩、千变万化的。工会职能并不是指这些具体的工会工作本身，而是依据工会的地位和性质对这些工会工作所作出的理论抽象。通过这种理论上的高度概括，既可以使人们把握住工会社会实践活动的主导方面，又可以使工会社会实践活动的具体内容服从于它的主要目的。因此，工会的任何具体业务工作和社会活动都必须围绕它的社会职能展开。

二、工会的维护职能

工会的维护职能，即工会维护职工群众的合法利益和民主权利的职能。

（一）工会的性质决定了工会的维护职能

维护职工群众的合法利益和民主权利，既是职工群众对工会的要求，也是党赋予工会的任务。工会应密切关注就业、工资、工时、安全生产、劳动保护、社会保障、职工福利、职业教育和劳动争议处理等职工各种切身利益问题，倾听职工群众呼声，关心职工群众疾苦，尽心尽力地为职工说话办事。工会在维护职工合法权益和参与协调利益关系中，必须从有利于社会稳定和生产力发展出发，依据法律和有关政策进行工作。

工会具有维护职能，是因为工会的性质决定了工会是一个为职工群众说话、办事，维护职工群众在社会经济、政治和文化等各个领域内具体权益的社会组织。而职工群众之所以成立或自愿参加工会，最初的目的就在于通过工会这种有组织的社会力量，维护自身的具体利益。在社会主义市场经济条件下，虽然党和国家政权都是职工利益的维护者，但是工会仍然没有失去它维护职工群众合法利益和民主权利的职能。这是因为在社会主义初级阶段一些社会因素会使职工群众的合法权益受到侵害。这些因素主要表现在三个方面：一是官僚主义和腐败还会长期存在；二是社会利益主体的多元化；三是企业内形成的市场化劳动关系。

（二）工会维护职能的重要性

由于劳动关系主体存在隶属性，劳动者隶属用人单位，在劳动者和用人单位这对矛盾中很明显劳动者是弱者，是需要被保护的对象。劳动者为了取得平衡，应该依法组建工会、加入工会，在工会的组织下为自己的合法权益进行抗争，这是非常现实而有效的途径之一。工会维护了职工的合法权益，就是维护了党与群众的血肉联系，就是维护了稳定的大局，就是维护了执政党的执政地位和执政基础。

维护职工合法权益不仅在于工会的产生和存在离不开职工群众对它的基本要求，是工会的原生职能，也在于工会的其他社会职能，是在社会主义条件下为更好实现职工群众利益出现的，是工会的派生职能。如新中国成立后出现的建设职能，本身在于通过生产力的发展，物质基础的奠定，实现广大职工群众的物质文化生活利益；工会的参与职能，是通过工会参与的渠道从源头上维护职工利益；工会的教育职能，是为了提高广大职工的思想政治觉悟和文化技术水平，有能力更好地实现自身利益。

工会的建设、参与、教育等项职能都是以维护职工群众具体利益为前提而确立和得以履行的。在工会的实践活动中，只有充分实现维护职能，才能使工会具有吸引力和号召力，吸引职工群众参加建设和改革；才能使工会真正代表职工群众去参与国家和社会事务的管理，参与企事业单位的民主管理；才能使工会的教育活动具有说服力和感染力。

（三）工会主要通过法律手段实现维护职能

工会在社会主义时期实现维护职能的基本手段不是阶级对抗，而是调节人民内部矛盾。虽然党、政府和立法部门都在对大量存在于社会主义社会内的人民内部矛盾进行调节，但是工会仍有必要为维护职工群众的具体利益而进行社会利益的调节。工会通过调节这一主要手段实现维护职能，并同侵犯职工群众合法利益和民主权利的社会现象和行为作斗争。工会应当善于运用体现本阶级意志的法律武器，在国家法律范围内充分实现自己的维护职能，在维护全国人民整体利益的同时，更好地维护职工群众的具体利益。

工会主要通过法律手段实现维护职能，运用法律武器进行主渠道维护。中国工会要充分利用《工会法》、《劳动法》、《劳动合同法》、《社会保障法》、《就业促进法》、《劳动争议调解仲裁法》等法律法规所赋予的权利，保护职工的合法权益。各级工会要通过开展平等协商、签订集体合同、监督签订劳动合同、劳动争议调解、参与劳动争议仲裁等方式维护职工的合法权益。同时，聘请法律顾问，为职工开展法律援助和法律咨询、法律服务，走依法治会、依法维权之路。

三、工会的建设职能

工会的建设职能，即工会吸引职工群众参加建设和改革，努力完成经济和社会发展任务的职能。

（一）工人阶级的历史任务要求工会具有建设职能

在社会主义条件下，发展经济，推进改革，提高效益，增强企业活力，是工人阶级的光荣责任，也是实现职工切身利益和长远利益的可靠基础。工会具有建设职能，是因为工会是实现工人阶级历史任务的重要组织形式之一。在社会主义条件下，工人阶级的历史任务发生了重大的变化，即由夺取政权前的解放生产力转变为发展生产力。正如列宁所指出的："由于历史上发生了最伟大的革命，由于无产阶级把国家政权掌握到自己手里，工会的整个活动也发生了极大变化。工会成了新社会的主要建设者，因为新社会的建设者只能是千百万群众。"这就使建设职能成为工会在社会主义时期的一项新职能。工会作为工人阶级主力军的最广泛的群众组织，必须从工人阶级群众的长远利益和现实利益出发，推动社会经济效益的提高和生产力的发展。如果工会不能吸引职工群众参加社会主义建设，完成经济和社会发展任务的职能，就会使工会脱离社会主义事业的全局，脱离职工群众的根本利益和具体利益，丧失职工群众利益代表者的身份。

（二）工会建设职能的重要性

社会主义改造基本完成后，我国的社会主要矛盾转变为人民群众日益增长的物质文化需要同落后的社会生产之间的矛盾。中国特色社会主义进入新时代，我国社会主要矛盾又进一步转化为人民日益增长的美好生活需要和不平衡不充分的发展之间的矛盾。人民美好生活需要日益广泛，不仅对物质文化生活提出了更高要求，而且在民主、法治、公平、正义、安全、环境等方面的要求日益增长。同时，我国社会生产力水平总体上显著提高，社会生产能力在很多方面进入世界前列，更加突出的问题是发展不平衡不充分，这已经成为满足人民日益增长的美好生活需要的主要制约因素。解决这个矛盾的根本出路在于通过改革开放，进一步解放和发展社会生产力。工会代表和维护的职工具体利益的最终实现也在于促进经济的发展和生产力的提高，只有这样才能最终解决发展不平衡不充分的问题。所以，工会必须从工人阶级的长远利益出发，引导广大职工群众参加建设和改革，努力完成经济和社会发展任务，积极推动社会经济效益和生产力的提高。

工会在社会主义建设事业中发挥作用，也为其履行其他各项职能打下了必不可少的基础。正是社会生产力的大发展和社会财富的增长，为工会维护职工群众的具体利益，满足职工群众的利益要求提供了强大的物质基础；为工会的参与管理提供了广阔的舞台；为工会教育活动提供了丰富的物质手段。

（三）工会主要通过动员职工实现建设职能

工会的建设职能与国家管理机关和企事业单位的建设职能不同，有着符合自身性质的特点。这种特点表现在工会建设职能不仅是生产这一个领域，而是包括生产、交换、分配、消费的全部经济建设领域，也不单纯是实现经济任务，同时也促进社会任务的完成。如工会通过集体协商等方式提高劳动者的收入水平，就是社会主义市场经济条件下在社会分配领域、消费领域、社会福利等领域扩大了国内市场，推动国民经济的可持续增长，从不同侧面发挥了建设职能。

即使在生产领域内，工会也不能代替行政组织和企业的经营管理者直接组织经济活动和指挥生产、从事经营，不能依靠命令和行政手段来组织实施各项经济建设和生产活动，而主要是依靠吸引的方式来推动职工群众参加经济建设。工会的群众性生产活动，如劳动竞赛、技术协作、合理化建议等，以及工会自身的经济事业，绝不是单纯从事经济生产活动，而是着眼于调动职工群众生产积极性，进而完善社会主义生产关系。在社会主义市场经济条件下，随着经济体制的改革，所有权和经营权的分离，产权制度普遍推行，工会通过协调生产关系来调动生产者的积极性以推动经济建设的职责更加突出，逐渐成为工会吸引职工群众参加建设和改革的主要手段。

四、工会的参与职能

工会的参与职能，即工会代表和组织职工参与国家和社会事务管理，参与企业、事业单位的民主管理的职能。

（一）工会的地位决定了工会的参与职能

工会的参与职能具有两个层次的主要内容：一是各级工会要成为职工群众有组织地参政议政的民主渠道；二是基层工会要做好职工代表大会、厂务公开等民主管理日常工作。

工会具有参与职能是因为，从国家的政治生活来看，社会主义政治制度的民主性质客观要求工会代表职工群众参与管理。工会作为职工群众的代表者，是把党和国家与广大职工紧密联结在一起的纽带和桥梁。通过工会的民主参与，可以建立起反映职工群众利益、愿望、意志和要求的民主渠道。从国家的经济生活来看，社会主义国家的基本性质决定了经济活动领域的民主性质。一方面，工会的参与和合作，可以使国家的经济活动体现广大职工群众的利益和要求，得到他们的理解和支持，保障国民经济任务的科学制定和顺利完成；另一方面，社会化生产要求经营管理人员的指挥决策必须建立在经济民主的科学基础之上，这就需要工会组织广大职工群众实行民主管理。工会是协调劳动关系中不可缺少的一方。它通过代表职工与企业进行平等协商和签订集体合同，主持职工代表大会的日常工作，达到协调劳动关系，维护职工劳动权益和民主权利的目的。随着我国劳动关系市场化程度的不断提高，工会在协调劳动关系，维护职工合法权益中的作用将越来越明显，地位也会越来越突出，成为推进改革，促进发展，维护稳定的一支重要力量。工会组织和代表职工群众参与社会事务的管理是义不容辞的职责。

（二）工会参与职能的重要性

工会代表和组织职工参与国家和社会事务管理，参与企业、事业单位民主管理，实施民主监督，是工会代表职工权益，依法维护职工利益的重要渠道、途径和形式。特别是在社会主义市场经济条件下，工会履行参与职能更具迫切性和必要性。市场经济是法治经济，市场经济运行主体都是相应的法律规范。所以，工会要加大对法律法规执行情况开展群众性监督的力度，主动参与立法，从源头上依法维护职工的权益。

工会参与管理，体现了广大职工群众当家作主的权利。通过工会参与国家和社会事务的管理以及企事业单位的民主管理，可以使维护职工群众具体利益的要求通过民主渠道体现于国家的法律、政策和各项决策之中，贯彻到基层单位的具体活动之中；可以使广大职工群众在社会主义经济建设中增强主人翁的责任感，从制度上保障了职工群众受教育的权利。

（三）工会主要通过民主监督实现参与职能

工会履行参与职能的主要手段是通过监督和制约来实现职工群众的民主权利。工会代表职工群众对政府有关部门和基层企事业单位的监督和制约，不仅是为了使管理和决策不背离工人阶级群众的利益、愿望和要求，而且有利于国家的政治、经济和社会生活的正常运行和健康发展。工会负有代表和组织职工群众对国家机关工作人员进行民主监督的责任。这表现在工会的监督和制约责任，一是可以避免各种管理和决策失误带来的社会危害，使管理和决策在民主的基础上更为科学化和合理化；二是有利于消除官僚主义和社会腐败，填补党纪、国法、舆论等项社会监督和制约遗漏的空白，实现自下而上的群众性监督和制约，形成社会主义的完整监督制约体系；三是通过民主监督，可以使广大职工群众及时了解各种社会问题的事实真相，缓解一些因误会引起的不满情绪，达到某种形式的社会沟通，营造和谐稳定的社会环境。为此，应当充分发挥工会在国家和社会事务管理中的民主参与和民主监督作用。

五、工会的教育职能

工会的教育职能，即工会帮助职工不断提高思想政治觉悟和文化技术素质，成为职工群众在实践中学习共产主义的学校的职能。

（一）工人阶级的历史使命要求工会具有教育职能

工会具有教育职能的原因，在于工人阶级肩负的伟大历史使命与职工群众基本素质之间的矛盾。只有通过教育，职工群众才能得到全面的发展，工人阶级先进性才能得到充分彰显，才能造就一支有理想守信念、懂技术会创新、敢担当讲奉献的宏大的产业工人队伍，才能把握工人运动的时代主题，更好地为实现中华民族伟大复兴的中国梦建功立业。

工会教育职能包括两个方面的内容：一个是思想政治教育；另一个是文化技术教育。在思想政治教育方面，工会要实现好列宁关于“工会是共产主义学校”的要求，认真学习贯彻习近平新时代中国特色社会主义思想，突出抓好社会主义、集体主义和爱国主义教育，开展社会主义核心价值观的教育，增强民族的自尊心，坚定道路自信、理论自信、制度自信、文化自信。要经常进行工人阶级优良传统的教育和职业责任、职业道德、职业纪律、职业技能的“四职”教育，把基础教育、形势任务教育和日常思想工作有机结合起来。要以培养担当民族复兴大任的时代新人为着眼点，把社会主义核心价值观转化为职工的情感认同和行为习惯。在文化技术教育方面，工会要积极参与职工教育的管理，积极参与职工教育规划的制定和职工教育改革工作，维护职工受教育的权利。要办好工会的各级各类职工学校，以岗位培训和职业教育为重点，推进职工教育的改革。要继续抓好群众性的读书自学活动，鼓励和引导职工走自学成才、岗位成才之路。

（二）工会教育职能的重要性

提高包括广大劳动者在内的全民族文明素质，是民族发展的长远大计。党的二十大指出，深入实施人才强国战略，加快建设国家战略人才力量，努力培养造就更多大师、战略科学家、一流科技领军人才和创新团队、青年科技人才、卓越工程师、大国工匠、高技能人才。在社会主义市场经济条件下，劳动者的地位、利益取决于个人的素质，要在激烈的市场竞争中取胜，有效维护自己的合法权益，就必须有较高的素质。这就需要不断学习，接受思想文化和职业技能教育。因此，工会为了更好地维护职工合法权益，就必须重视教育职能，把提高职工队伍整体素质作为一项战略任务抓紧抓好，实施职工素质建设工程，着力推进产业工人队伍建设改革，不断推进工人阶级知识化进程。职工群众具备了较高的思想政治素质和文化技术素质，有利于更好地维护自身合法权益，也有助于工会其他职能更好地得到实现。通过教育提高职工群众的基本素质，能够使工会在实现维护职能时更为有力，实现建设职能时更为有效，实现参与职能时更为充实。职工队伍素质的提高是工会社会实践活动整体水平和实际能力全面提升的保证。

（三）工会主要通过实践活动实现教育职能

工会的教育职能具有自身的特点，工会不是国家专门教育机构，不是以正规化的学校教育为主体，而是寓思想政治教育和文化技术教育于工会的各项实践活动之中。除工会举办的各级各类职工学校，进行部分岗位培训和职业教育之外，工会实现教育职能主要是在开展的各项实践活动中对职工群众进行教育。在工会的权益维护、民主管理、群众生产、群众生活、文化体育等项活动中，职工群众在德、智、体、美等方面得到全面发展，进而有利于他们成为合格的中国特色社会主义劳动者。工会实现教育职能的另一个途径是建立学习型组织，实现职工群众的自我教育。工会推动职工群众自我教育具有双重含义：一层含义是指职工群众在工会的组织引导下互帮互学，共同提高。工会作为工人阶级的群众组织，联系着本阶级内先进、中间和后进的各部分群众，根据广大职工群众的觉悟水平和接受能力，在开展各项群众性活动时，通过典型示范、榜样引路、谈心互助等形式，用集体主义的力量帮助每一个职工健康成长。另一层含义是指工会开展的教育活动，大多是鼓励群众性的读书自学活动，启发他们在各项社会实践中改造主观世界和客观世界。工会可以为职工群众的自我教育创造良好的环境条件，如办好工会的文化宫、俱乐部、图书馆、职工书屋等文化事业，开展健康、有益的文化体育活动，关心职工精神文化生活，把解决思想问题同为职工群众办实事结合起来。

第二节　工会的基本职责

2018 年 10 月 29 日，习近平总书记在同全国总工会新一届领导班子成员集体谈话时指出，工会要坚持以职工为中心的工作导向，抓住职工群众最关心最直接最现实的利益问题，认真履行维护职工合法权益、竭诚服务职工群众的基本职责。维护职工合法权益、竭诚服务职工群众是工会的基本职责。工会基本职责的扩展变化折射出党对工会工作要求的变化、工会目标任务的变化，在党的工运事业和工会工作发展历程中具有里程碑意义。

一、工会基本职责的发展过程

中国工会的历史，是在中国共产党领导下，团结动员广大职工为实现党的目标而奋斗的历史，也是一部代表和维护职工合法权益的历史。

1920 年 11 月，在中国共产党早期组织领导下，上海成立了第一个工会组织——上海机器工会，成立之初就明确了“谋本会会员底利益，除本会会员底痛苦”的宗旨。1921 年 8 月，中国共产党诞生不到一个月，就在上海成立了党领导工人运动的第一个公开机构——中国劳动组合书记部，8 月 16 日发表的宣言着重强调要改良劳动者地位。1925 年召开的第二次全国劳动大会通过《中华全国总工会总章》，其总纲第一条明确“本会以团结全国工人，图谋工人福利为宗旨”，规定了工会八项职责之一就是保障工人利益，设法解决救济与职业介绍。1948 年 8 月召开的第六次全国劳动大会恢复成立中华全国总工会，通过的《中华全国总工会章程》，明确宗旨为团结全国职工、保护职工利益。

1950 年 6 月 29 日，《中华人民共和国工会法》颁布实施，明确规定工会有保护工人、职员群众利益，监督行政条例执行情况，改善工人、职员群众物质生活与文化生活的各种设施的责任。1953 年，中国工会七大修改通过了新中国成立后的首部工会章程，提出工会任务之一就是经常地关心工人群众的生活状况和劳动条件，并应在发展生产的基础上，逐步地、积极地改善工人群众的物质生活和文化生活。

1978 年，中国工会九大通过的工会章程规定，工会新时期基本方针之一，就是在发展生产的基础上逐步改善职工群众的物质文化生活。1983 年，中国工会十大通过的工会章程明确新时期工会工作方针是以四化建设为中心，为职工说话、办事，维护职工的合法权益。1992 年修改后的《工会法》第六条规定，工会在维护全国人民总体利益的同时，维护职工的合法权益。1994 年 7 月颁布的《中华人民共和国劳动法》第一章第七条规定，工会代表和维护劳动者的合法权益，依法独立自主地开展活动。2001 年修改的《工会法》第二条规定，中华全国总工会及其各工会组织代表职工的利益，依法维护职工的合法权益；第六条规定，维护职工合法权益是工会的基本职责，这是我国首次以法律形式对工会基本职责作出明确规定。2005 年 7 月召开的全国总工会十四届六次主席团（扩大）会议，作出《关于坚持走中国特色社会主义工会发展道路的决议》，明确中国特色社会主义工会发展道路的基本内涵之一，就是坚持切实表达和维护职工群众的合法权益。

2018 年 10 月，中国工会十七大通过的《中国工会章程》将工会基本职责拓展为“维护职工合法权益、竭诚服务职工群众”。2021 年 12 月新修改的《工会法》再次明确了“维护职工合法权益、竭诚服务职工群众是工会的基本职责”。

二、工会基本职责拓展的基础

工会基本职责的拓展，是贯彻落实习近平总书记关于工人阶级和工会工作的重要论述的生动实践，适应了新时代职工群众的新需求，为中国工会基本职责注入了更加丰富的时代内涵，体现了与时俱进的鲜明特质。

（一）习近平总书记关于工人阶级和工会工作的重要论述为中国工会基本职责的拓展提供了根本遵循

习近平总书记始终关心工人阶级和工会工作，对工会做好维权服务工作多次作出重要指示，提出明确要求。2013 年 4 月 28 日，习近平总书记在全国总工会机关同全国劳动模范代表座谈时指出，要把竭诚为职工群众服务作为工会一切工作的出发点和落脚点，全心全意为广大职工群众服务，认真倾听职工群众呼声，维护好广大职工群众包括农民工的合法权益，扎扎实实为职工群众做好事、办实事、解难事。2013 年 10 月 23 日，习近平总书记在同全国总工会新一届领导班子成员集体谈话时强调，工会必须做好维护职工群众切身利益工作，促进社会公平正义。2014 年 9 月 8 日，习近平总书记作出“三个着力”的重要批示，其中之一就是强调着力强化服务意识、提高维权能力。2015 年 4 月 28 日，习近平总书记在庆祝“五一”国际劳动节暨表彰全国劳动模范和先进工作者大会上发表重要讲话，强调要坚决履行维护职工合法权益的基本职责，把竭诚为职工群众服务作为工会一切工作的出发点和落脚点。2015 年 7 月 6 日，习近平总书记在中央党的群团工作会议上指出，群团组织要强化服务意识，提升服务能力，挖掘服务资源，坚持从群众需要出发开展工作，更多地把注意力放在困难群众身上，努力为群众排忧解难，成为群众信得过、靠得住、离不开的知心人、贴心人。2018 年 10 月 29 日，习近平总书记在同全国总工会新一届领导班子成员集体谈话时强调，工会要认真履行维护职工合法权益、竭诚服务职工群众的基本职责。切实实现好、维护好、发展好劳动者合法权益，坚持从群众多样化需求出发开展工作，打通服务群众的新途径，使服务更直接、更深入、更贴近工人阶级和广大劳动群众。确定维护职工合法权益、竭诚服务职工群众的基本职责，符合习近平总书记关于工人阶级和工会工作的重要论述的基本精神，贯彻了我们党坚持以人民为中心的发展思想，体现了工会组织的政治性、先进性、群众性。

（二）社会主要矛盾变化推动中国工会基本职责丰富发展

中国特色社会主义进入新时代，这是我国发展新的历史方位。新时代我国社会主要矛盾已经转化为人民日益增长的美好生活需要和不平衡不充分的发展之间的矛盾，适应这一新变化，不断满足职工群众的美好生活需要，成为新时代工会的奋斗目标。习近平总书记关于工人阶级和工会工作的重要论述的实践要求，其中一个重要方面，就是立足社会主要矛盾新变化，在不断满足职工群众美好生活需要中担当作为。

随着我国社会经济成分、组织形式、就业方式、利益关系和分配方式日益多样，职工队伍在规模不断壮大、结构深刻变化、素质逐步提升、权益得到实现的同时，职工群众在收入分配、利益诉求、价值取向、思想观念等方面也日益多样化、差异化，工会组织要始终坚持以职工为中心的工作导向，深化对职工队伍发展变化特点与规律的认识，研究解决职工群众多样化需求，协调不同职工群体之间的利益关系，更好促进职工体面劳动、舒心工作、全面发展。中国工会基本职责的丰富发展正是对这一新变化的有力呼应。《中国工会章程》明确了中国工会以忠诚党的事业、竭诚服务职工为己任，强调“健全联系广泛、服务职工的工作体系，增强团结教育、维护权益、服务职工的功能”、“坚持服务职工群众的工作生命线”等内容，使中国工会基本职责的内涵更加丰富。

（三）密切联系职工群众是中国工会基本职责丰富发展的内在要求

“人心向背”是一个政党、一个组织兴衰存亡的决定性因素。党的十八大以来，以习近平同志为核心的党中央从巩固党执政的阶级基础和群众基础的政治高度，把保持党同人民群众的血肉联系，作为全党重大而紧迫的政治任务。习近平总书记在中央党的群团工作会议上指出，当前干部群众反映比较突出的是一些群团组织不同程度存在“机关化、行政化、贵族化、娱乐化”现象，其实质是脱离群众。这些问题的存在，影响了群团组织履行职责，降低了群团组织对群众的动员力、号召力、影响力，导致群团组织在群众心目中的分量下降，制约了党的群团工作健康发展，必须下决心进行纠正。

工会组织是党直接领导的群团组织，扎根在职工群众，力量源泉在职工群众，群众性是根本特点，做好群众工作、为党的群团工作增添力量，工会组织责无旁贷。将“竭诚服务职工群众”列入中国工会基本职责中，对工会增强群众观念、强化服务意识、提升服务能力、挖掘服务资源提出了更高要求。

三、工会履行基本职责的实践要求

把维权和服务这两项基本职责付诸实践，在理念思路、措施方法、平台载体上实现维权和服务一体化，推动工会工作高质量发展、跨越式升级，是工会组织面临的重要理论和实践课题。

一是在工作思路上，要实现维权和服务的辩证统一。维权与服务内在统一于增强党执政的阶级基础和群众基础，统一于提高职工群众获得感、幸福感、安全感，统一于增强工会组织吸引力凝聚力战斗力。增加竭诚服务职工群众作为基本职责的重要组成部分，可以看作是对履行维权职责提出的更高要求，凸显了新时代工会服务工作的重要性紧迫性。要正确处理维权与服务的关系，树立维权服务相统一的理念，在做好维权工作基础上强化服务工作，通过服务工作更好地促进维权工作。

二是在工作重点上，要实现更高层次更高水平的维权。随着经济社会发展，工作要在维护职工劳动经济权益的基础上，逐渐向维护职工物质利益和精神需求相统一的方向发展，探索新的工作载体和途径，创造新的经验，提高维权服务质量，增强工作的针对性实效性，推动实现职工的体面劳动、舒心工作、全面发展，提升职工群众对工会维权服务的认可度和满意度。

三是在工作对象上，要实现更广泛的覆盖。维权服务的对象由原来的特殊群体扩展向包括特殊群体在内的更广大职工群众，已经逐渐扩展到全体职工。因此，服务职责的增加，意味着工会工作不断扩大覆盖面和受益面，以帮扶中心（服务中心）为依托，探索“互联网+”服务，主动承接政府转移的公共服务职能，力所能及为广大职工提供具有工会特点的普惠型、常态性、精准化服务。

四是在工作机制上，要实现维权服务一体化。切实履行工会维权服务的基本职责，要求整合已有的维权机制和服务体系，以职工需求为导向，以组织建设为基础，以作用发挥为关键，以互联网为依托，以健全机制为保障，实现从维权机制向维权、服务一体化机制的方向发展，逐步实现维权和服务工作机制平台的有机统一，实现工会维权服务的常态化、长效化、经常化、立体化。

五是在工作保障上，要进一步提升维权服务能力。做好工会维权工作，需要工会干部熟悉宏观经济，特别需要掌握国家的社会经济发展趋势，熟悉有关职工就业、分配、保障等劳动经济权益问题和法律政策相关问题，还必须拓宽工作视野和知识面，增长社会学、心理学等多领域知识，增强做好职工群众工作的本领，做到精准维权、精准服务、供需对路，这是工会履行好维权服务基本职责的关键所在。

思考题：

1. 什么是工会的职能？如何把握工会各项职能之间的相互关系？

2. 为什么说维护职工合法权益、竭诚服务职工群众是工会的基本职责？

第七章　构建和谐劳动关系

劳动关系是生产关系的重要组成部分，是最基本、最重要的社会关系，也是工会存在和发展的客观基础。劳动关系是否和谐，事关广大职工和企业的切身利益，事关经济发展与社会和谐。党和国家历来高度重视构建和谐劳动关系，党的十九大要求完善政府、工会、企业共同参与的协商协调机制，构建和谐劳动关系；党的二十大明确提出，健全劳动法律法规，完善劳动关系协商协调机制，完善劳动者权益保障制度。研究劳动关系及其发展变化以及如何推动构建、发展中国特色和谐劳动关系，对于坚持中国特色社会主义工会发展道路、不断推动工会工作创新发展具有重大意义。

第一节　劳动关系概述

一、劳动关系的性质及特点

（一）劳动关系的性质

劳动关系是自工业革命以来劳动者与劳动力使用者及其相关组织在社会经济活动和实现劳动过程中构成的一种社会关系。劳动关系是生产关系的重要组成部分。我国《劳动法》将劳动关系双方的构成主体规定为劳动者与用人单位。

作为一种社会关系，劳动关系广泛存在于经济社会人际群体以及社会组织或社会团体相互交往的活动中。在工业经济领域以及由工业化进程带动发展的社会公共部门和服务部门，劳动关系的表现形态尤其具有典型特征。

在我国，全国人民的总体利益和职工群众具体利益在根本上是一致的。劳动关系双方是矛盾的统一体，既有根本利益的一致性，也有具体利益的差异性，其矛盾的性质是非对抗性的，是人民内部矛盾。这种劳动关系矛盾能够在我国法律制度范围内，在党政、企业、工会和社会各界的协同努力下得到有效解决。采用过激手段解决劳动关系矛盾，不符合我国国情和劳动关系的性质。

（二）劳动关系的特点

1. 劳动力的从属性。

尽管在劳动力市场上，劳动者和劳动力使用者都是自主的独立主体，劳动力的市场交换关系是一种平等的经济关系，但由于资本具有稀缺性和独占性，在劳动力市场上占有优势、处于支配地位，而劳动者通过让渡劳动力谋生，在劳动过程中处于一种被支配和被管理的地位，因而具有从属性。

2. 权利、义务是劳动关系运行的核心内容。

劳动关系的运行体现在用人单位和工作场所中，体现在劳动过程中涉及的就业规则、工资报酬、劳动时间、职业安全、休息休假等劳动标准，以及企业规章制度、员工管理、劳动争议处理等各个方面的权利、义务关系。这些内容需要通过劳动立法的形式加以规定。

3. 个别劳动关系、集体劳动关系、社会劳动关系构成劳动关系的层级结构。

个别劳动关系指劳动者个人与用人单位之间的社会经济关系，是企业一级的劳动关系，也是劳动关系的基础。集体劳动关系指以工会为代表的劳动者与经营者或经营者组织构成的社会关系。主体独立、权利对等、工会代表是集体劳动关系的主要特征，谈判和协商确定劳动条件和劳动标准是集体劳动关系的主要功能。社会劳动关系即整个社会层面的劳动关系，又称产业关系，是包括劳动者及工会、经营者及经营者组织、政府在内的三方关系，所要解决的问题主要是关于劳动政策、经济政策、社会政策等相关层面的问题。

二、劳动关系的主体

劳动关系的主体是指劳动关系的参与者，又被称为劳动关系的当事人或行为主体。劳动关系的主体包括劳动者与工会组织、经营者与经营者组织、政府。

1. 劳动者与工会组织。

对于什么是劳动者，不同学科从不同角度出发有不同的界定，从而形成了内涵不尽相同的劳动者定义。经济学、社会学研究中对劳动者的界定，其范围都比劳动关系研究当中的界定更为宽泛。

作为劳动关系中的一方主体，劳动者是指在现代产业社会中受雇于他人，以工资收入为基本生活来源的体力或脑力劳动者。在职业分工方面，劳动者在就业组织中不具有基本经营决策权并服从于管理方的经营决策；在收入方面，劳动者的生活来源基本依赖于工资收入。

在计划经济时期，人们习惯于将用人单位的全体人员统称为“职工”。职工在国家“统包统配”的指令性计划安排和“固定工”式的用工制度下，享有国家包办的平均主义工资福利以及退休养老金保障制度。

伴随改革开放的历史进程，原有计划经济体制逐渐向市场经济体制转型，多种所有制经济竞相发展，在这一过程中，我国职工队伍也随之发展壮大，发生了历史性变化。工会作为中国共产党领导的职工自愿结合的工人阶级群众组织，在社会主义市场经济条件下，其基本职责是维护职工合法权益，竭诚服务职工群众，但同时工会又以劳动关系双方的合作共赢作为处理劳动关系的基本原则，共谋企业发展。

2. 经营者与经营者组织。

在我国劳动关系中，经营者通常是指在一个组织中雇用他人并对其进行配备、管理、调控以完成一定的组织目标，并向劳动者支付工资报酬的法人或自然人，也就是劳动力的使用者。在现代市场经济国家中，有关经营者概念有着不同的称谓，如雇主、企业主、资方、经营者等。总体来看，这些称谓虽有不同，但实际内涵并无本质差异。

经营者组织是由经营者依法组成的社会团体，其主要职能是维护经营者合法权益，为经营者提供服务，协调经营者与劳动者之间的关系。在我国，经营者组织也称为企业家组织。如中国企业联合会、中国企业家协会，其特点主要是经营者、企业家为维护自身合法权益，在产业和社会层面就有关劳动关系事宜，与工会、政府进行协商、对话、沟通、议事和交涉的社会团体组织。从组织结构类型上看，经营者组织主要包括职业协会、产业协会、地方协会、全国性经营者组织等形式。

3. 政府。

在劳动关系协调中，政府发挥着主导作用。在对政府的理解上，有广义和狭义之分。广义的政府泛指各类行使公共权力的机构，包括立法、行政和司法机构，而狭义的政府则是指国家机构中的专门行政机构。在劳动关系中，政府通常是指劳动保障行政部门，其作用主要包括：

（1）培育和健全、完善劳动力市场，促进就业和创造公平的就业环境，并为劳动者提供就业的制度保障；

（2）制定劳动政策，通过立法和行政手段健全完善劳动关系的协调机制；

(3) 制定和完善劳动标准，包括有关劳动标准的法规和国家标准的制定与推行，并对劳动标准的实施进行监督检查；

(4) 主导劳动争议处理，预防和化解重大劳动争议群体性事件及社会冲突。

三、中国特色和谐劳动关系

对中国劳动关系治理模式的探讨，源于新世纪以来各级工会对中国特色社会主义工会发展道路的探索。2004 年 12 月召开的全国总工会十四届二次执委会议，确定了“组织起来、切实维权”的工作方针。2005 年 7 月，全国总工会十四届六次主席团会议通过了《关于坚持走中国特色社会主义工会发展道路的决议》。在这期间，全国总工会对“中国特色社会主义新型劳动关系”作了专题研究，认为这种劳动关系治理模式既不同于资本主义劳动关系，也不同于我国计划经济时期的劳动关系，而是一种在国家、社会、企业和劳动者根本利益一致基础上，通过市场调节与国家干预相结合，化解利益冲突和促进社会公正的稳定协调的新型劳动关系。

党中央高度重视构建和谐劳动关系。2006 年 10 月，党的十六届六中全会通过《关于构建社会主义和谐社会若干重大问题的决定》。针对当时我国劳动关系存在的许多不和谐因素，如劳动合同签订率低、期限短、内容不规范；一些企业缺乏社会责任感，劳动条件和职业卫生状况恶劣，强迫超时加班；企业工资分配机制不完善，拖欠和克扣职工工资的情况时有发生；劳动关系协调机制不能充分发挥作用，劳动争议调处和监察力度不够等问题，为保障社会公平正义，完善社会管理，《关于构建社会主义和谐社会若干重大问题的决定》首次提出“发展和谐劳动关系”，并将其作为推进以改善民生为重点的社会建设、构建和谐社会的重要任务。此后，我国劳动立法密集出台，仅2008年实施的就有《劳动合同法》、《就业促进法》和《劳动争议调解仲裁法》。

2011年8月，全国构建和谐劳动关系先进表彰暨经验交流会召开，这是改革开放以来第一次全国性研究部署构建和谐劳动关系的工作会议，明确把构建和谐劳动关系作为一项重要而紧迫的政治任务。会议指出，形成规范有序、公正合理、互利共赢、和谐稳定的劳动关系，是劳动关系工作的目标要求。这个要求同时也写进了国家“十二五”规划纲要。会议要求，要形成党委领导、政府负责、社会协同、企业和职工参与的工作格局，并明确提出构建“中国特色和谐劳动关系”这一概念，各级党委要统揽全局、把握方向，及时研究和解决劳动关系中的重大问题。要创新劳动关系体制机制，形成反应灵敏、运转有序的协调劳动关系机制，有效预防、化解、处置劳动关系矛盾。

党的十八大以来，习近平总书记就构建和谐劳动关系提出许多新思想新要求，明确了工会在构建和谐劳动关系中的地位和作用，是构建和谐劳动关系工作的根本遵循。习近平总书记强调，劳动关系是最基本的社会关系之一。要最大限度增加和谐因素、最大限度减少不和谐因素，构建和发展和谐劳动关系，促进社会和谐。要依法保障职工基本权益，健全劳动关系协调机制，及时正确处理劳动关系矛盾纠纷。完善政府、工会、企业共同参与的协商协调机制，构建和谐劳动关系。

2015年3月，中共中央、国务院颁行《关于构建和谐劳动关系的意见》，对构建和谐劳动关系的指导思想、工作原则和目标任务作了清晰论述，并着重对依法保障职工基本权益、健全劳动关系协调机制、加强企业民主管理制度建设、健全劳动关系矛盾调处机制、营造构建和谐劳动关系的良好环境及加强组织领导和统筹协调作出全面部署。这个文件的出台，标志着“中国特色和谐劳动关系”治理模式的初步形成。

第二节 劳动关系调整机制

随着劳动力市场的发展和逐步完善，我国已经初步建立起以《劳动法》为基础的调整劳动关系的法律体系，并在此基础上，基本形成了由劳动合同、集体合同、劳动标准、三方协商、劳动保障监察、劳动争议处理、企业职工民主参与等制度构建而成的新型劳动关系调整机制。

一、劳动合同制度

作为确立劳动关系的法律形式，劳动合同的作用是使劳动者个人与用人单位通过签订合同而形成具有明确权利、义务的法律关系。2007 年 6 月 29 日，《中华人民共和国劳动合同法》经第十届全国人大常委会第二十八次会议审议通过，于 2008 年 1 月 1 日正式施行。2008 年 9 月 3 日，国务院第二十五次常务会议又通过了《中华人民共和国劳动合同法实施条例》。《中华人民共和国劳动合同法》和《中华人民共和国劳动合同法实施条例》的颁布实施是我国社会主义市场经济法制建设的一件大事，对我国的政治、经济和社会生活影响深远。2012 年 12 月 28 日，由第十一届全国人大常务委员会第三十次会议通过《关于修改〈中华人民共和国劳动合同法〉的决定》，自 2013 年 7 月 1 日起施行。劳动合同制度是市场经济条件下用人单位和劳动者确立劳动关系，明确双方权利和义务的法律制度。通过劳动合同立法，建立健全劳动合同制度，有利于依法规范企业的劳动用工行为，保护劳动者的合法权益，促进劳动关系的和谐稳定。

二、集体合同制度

目前，我国已经进行了有关集体协商和集体合同制度的法律法规方面的初步建设。主要包括：《劳动法》对集体合同制度作了原则性规定。劳动部颁布的《集体合同规定》将《劳动法》关于集体合同制度的原则规定进一步具体化，对集体合同的签订、集体合同的审查以及集体合同争议处理问题作了较为详细、具体的规定。2001 年修改后的《工会法》更加明确了工会代表职工进行平等协商签订集体合同的权利，并对签订集体合同和实施集体合同过程中发生争议的处理作出了法律规定。2004 年又颁布了新的《集体合同规定》，对集体合同制度的内容和程序作了进一步规定，对推动集体合同制度的规范运行具有积极的指导意义。2006 年 10 月 11 日，党的十六届六中全会通过的《中共中央关于构建社会主义和谐社会若干重大问题的决定》，首次提出全面实行集体协商制度。2008 年 3 月 5 日，国务院《政府工作报告》将“推动企业建立工资集体协商制度”作为提高企业职工工资水平，建立企业职工工资正常增长和支付保障机制的重要举措，向各级政府提出明确要求。2012 年 11 月 8 日，党的十八大报告将“推行企业工资集体协商制度，保护劳动所得”作为千方百计增加居民收入的重要举措。2013 年 2 月 3 日，国务院批转《关于深化收入分配制度改革的若干意见》提出，“以非公有制企业为重点，积极稳妥推行工资集体协商和行业性、区域性工资集体协商，到 2015 年，集体合同签订率达到 80%，逐步解决一些行业企业职工工资过低的问题”。2013 年 11 月 12 日，党的十八届三中全会进一步要求，“健全工资决定和正常增长机制，完善最低工资和工资支付保障制度，完善企业工资集体协商制度”。2014 年，国务院《政府工作报告》中强调，“健全企业职工工资决定和正常增长机制，推进工资集体协商，构建和谐劳动关系”。这些都说明，党中央、国务院对集体协商制度的建立与实施，态度是鲜明而坚定的。从“全面实行集体协商制度”，到“不断扩大集体合同覆盖面”，再到“完善企业工资集体协商制度”，体现了党中央、国务院对集体协商制度建设的要求不断提高，也反映了集体协商工作不断深入发展的实际需要。为了贯彻落实党的十八大和十八届三中全会关于健全工资决定和正常增长机制的明确要求，按照中国工会十六大对集体协商工作作出的新部署，有必要通过制定新的规划和指导意见，进一步明确集体协商新的工作方向、目标任务和工作重点。在历年工作的基础上，2014 年全国总工会又出台了三个重要文件：3 月 19 日，全国总工会下发了《关于提升集体协商质量、增强集体合同实效的意见》；4 月 18 日，全国总工会下发了《深化集体协商工作规划（2014—2018 年）》；与全国总工会出台的这两个文件相呼应，4 月 14 日，国家协调劳动关系三方出台了《关于推进实施集体合同制度攻坚计划的通知》。2019 年，国家协调劳动关系三方联合下发了《关于实施集体协商“稳就业促发展构和谐”行动计划的通知》，就做好新形势下集体协商工作进行了安排部署。各级协调劳动关系三方成员单位全力推进行动计划实施，取得明显成效，根据《2021 年度人力资源和社会保障事业发展统计公报》，全国报送人力资源社会保障部门审查并在有效期内的集体合同累计 132 万份，覆盖职工 1.2 亿人。

三、三方协商机制

1990 年 9 月 7 日，全国人大常委会批准了国际劳工组织 144 号公约，即 1976 年（国际劳工标准）三方协商公约（《三方协商促进履行国际劳工标准公约》），表明我国作出了在劳动关系调整中实施三方机制的承诺。2001 年 8 月，劳动和社会保障部、中华全国总工会、中国企业联合会/中国企业家协会三方，在北京召开了国家协调劳动关系三方会议成立暨第一次会议，通过了《国家协调劳动关系三方会议制度》，标志着我国国家级三方会议制度的建立。2001 年 10 月 27 日，第九届全国人大常委会第二十四次会议通过修改的《中华人民共和国工会法》，首次在法律中明确规定建立劳动关系三方协商机制，第三十四条第二款规定："各级人民政府劳动行政部门应当会同同级工会和企业方面代表，建立劳动关系三方协商机制，共同研究解决劳动关系方面的重大问题。"在我国，三方协商机制是指在国家、地方以及产业领域，由政府、企业家组织和工会组织根据相关法律并遵循一定的议事规则，就有关涉及劳动关系的重大问题进行协商的一种制度。结合各省、市的实践，属于劳动关系方面的重大问题主要有：政府准备起草制定或三方中任何一方认为应当制定的调整劳动关系的规章、政策、措施；已经出台的调整劳动关系的法律、法规、规章以及政策、措施的执行情况，存在问题及补救办法；集体合同制度和劳动合同制度的执行；《劳动法》和《工会法》的遵守及监督、监察；劳动就业、劳动工资、劳动安全卫生、社会保险等重大劳动问题；职工群体性突发事件的预防及处理；其他有关国家、企业、职工三方利益调整的重大劳动关系问题。

目前，省级三方协商机制已全部建立，地（市）一级以上普遍建立了三方协商机制，多数省份正向县、区和乡镇、街道、工业园区延伸。

四、职工代表大会制度

在《中华人民共和国宪法》中，劳动者被赋予参与"民主管理"的权利。这种权利在广义上是指劳动者对所在企业、事业、机关等工作场所和街道、社区等生活区域的政治、社会、经济事务的参与权利；在狭义上是指劳动者在雇佣单位以职工的身份对于企业的经营、管理和利益关系的调整等活动的介入和参与的权利。在《企业法》、《工会法》、《劳动法》、《公司法》等多项法律中，也都作了有关坚持职工民主管理的规定。2012 年 2 月，中央纪委、中央组织部、国务院国资委、监察部、全国总工会、全国工商联联合下发了《企业民主管理规定》。这是继 1986 年中共中央、国务院发布《全民所有制工业企业职工代表大会条例》以来，全面规范以职工代表大会为基本形式的企业民主管理制度的重要规章，是坚定不移发展社会主义民主政治、促进企业民主管理发展历程中具有标志性的大事。2022 年 3 月，全国厂务公开协调小组办公室印发了《职工代表大会操作指引》，这是在全面整合职工代表大会相关法律法规规范性文件基础上，规范职工代表大会制度建设，推动新时代企业民主管理工作高质量发展的一个重要的指导性文件。2022 年 10 月，党的二十大明确指出，全心全意依靠工人阶级，健全以职工代表大会为基本形式的企事业单位民主管理制度，维护职工合法权益。工会要贯彻全心全意依靠工人阶级方针，在发展全过程人民民主中保障职工民主政治权利，关心关爱职工群众，不断增强职工群众的获得感、幸福感、安全感。

五、劳动标准体系

我国《劳动法》对工作时间、休息休假、工资、劳动安全卫生、女职工和未成年工特殊保护等作了规定。配套的行政法规主要有《女职工劳动保护特别规定》、《国务院关于修改〈国务院关于职工工作时间的规定〉的决定》等。配套的部门规章主要有《关于企业实行不定时工作制和综合计算工时工作制的审批办法》、《关于贯彻〈国务院关于职工工作时间的规定〉的实施办法》、《最低工资规定》、《企业最低工资规定》、《工资支付暂行规定》、《对〈工资支付暂行规定〉有关问题的补充规定》、《未成年工特殊保护规定》、《女职工禁忌劳动范围的规定》、《职业病和职业病患者处理办法的规定》、《职业技能鉴定规定》等。我国有关劳动标准方面的立法采取的是综合立法和单行立法共存的方式，有关劳动标准的立法存在于综合的劳动法和单行法规之中。上述立法在工资、工作时间、休息休假、劳动安全卫生等方面确立了一系列劳动基准，劳动者受到法定的最低劳动标准的保障，这些基本规范的建立表明了我国劳动标准的法制化，从而保证维护劳动者最基本的劳动权利。

六、劳动争议处理制度

我国《劳动法》确立了“一调一裁两审”的劳动争议处理制度，包括企业劳动争议调解、劳动争议仲裁、劳动争议诉讼等内容。随着非公有制用人单位的劳动争议逐渐增多，更多的问题需要通过法律途径或者依靠机制的完善来解决。2007 年 12 月 29 日颁布的《劳动争议调解仲裁法》，于 2008 年 5 月 1 日正式实施，进一步推动了建立规范有序、和谐稳定的新型劳动关系。2011 年底，针对企业内部劳资双方沟通机制普遍缺失、劳动者的利益诉求表达渠道不畅、企业劳动争议调解委员会作用弱化等比较突出的问题，为贯彻《劳动争议调解仲裁法》，按照“预防为主、基层为主、调解为主”的工作方针，推动企业建立健全调解组织、建立预防工作机制、完善调解制度、落实保障措施，建立企业内部劳动争议协商解决机制，提升企业自主解决争议的能力，人力资源和社会保障部发布了《企业劳动争议协商调解规定》，于 2012 年 1 月 1 日起施行。2021 年，全国各级劳动人事争议调解组织和仲裁机构共办理劳动人事争议案件 263.1 万件，涉及劳动者 285.8 万人，涉案金额 576.3 亿元。全年办结争议案件 252.0 万件，调解成功率 73.3%，仲裁结案率

97.0%，仲裁终结率71.1%。

七、劳动保障监察制度

根据《劳动法》赋予的职能，各级劳动和社会保障部门建立了劳动保障监察机构，初步形成了省、地、县三级监察执法组织网络，一些地区和城市将监察机构延伸到了乡镇、街道。确立了日常巡视监察、举报专查、专项检查、劳动保障年检等监察执法方式，制定了基本执法规范及统计报告、目标管理等内部管理制度，形成了“职能统一、制度统一、程序统一”的工作体制。中国各级劳动和社会保障部门按照依法行政、严格执法的原则，不断加强劳动和社会保障行政执法力度，建立健全劳动保障监察组织。2020年，全年全国各级劳动保障监察机构共主动检查用人单位116.3万户次，涉及劳动者4298.9万人次。书面审查用人单位107.1万户次，涉及劳动者4484.21万人次。全年共查处各类劳动保障违法案件10.6万件。加大劳动保障监察执法力度，为85.3万名劳动者追发工资等待遇79.9亿元，督促用人单位与45.4万名劳动者补签劳动合同，督促3993户用人单位办理社保登记。依法查处人力资源市场违法行为，取缔非法职业中介机构1298户。

第三节　新就业形态

党的二十大报告指出，完善促进创业带动就业的保障制度，支持和规范发展新就业形态；健全劳动法律法规，完善劳动关系协商协调机制，完善劳动者权益保障制度，加强灵活就业和新就业形态劳动者权益保障。近年来，平台经济迅速发展，创造了大量就业机会，依托互联网平台就业的货车司机、网约车司机、外卖配送员、互联网营销师等新就业形态劳动者数量大幅增加。与传统就业方式相比，新就业形态劳动者的就业方式相对灵活，如何确定他们的劳动关系，维护他们的合法权益，不断增强他们的获得感、幸福感、安全感，需要各级工会立足维权服务基本职责，为新就业形态劳动者体面劳动、舒心工作保驾护航。

一、新就业形态劳动关系的确定

为深入贯彻落实党中央、国务院决策部署，支持和规范发展新就业形态，切实维护新就业形态劳动者劳动保障权益，促进平台经济规范健康持续发展，2021 年 7 月，人力资源社会保障部、国家发展改革委、交通运输部、应急部、市场监管总局、国家医保局、最高人民法院、全国总工会八个部门联合印发《关于维护新就业形态劳动者劳动保障权益的指导意见》。规定“符合确立劳动关系情形的，企业应当依法与劳动者订立劳动合同。不完全符合确立劳动关系情形但企业对劳动者进行劳动管理（以下简称不完全符合确立劳动关系情形）的，指导企业与劳动者订立书面协议，合理确定企业与劳动者的权利义务。个人依托平台自主开展经营活动、从事自由职业等，按照民事法律调整双方的权利义务”。新就业形态劳动者是否可以与企业建立劳动关系，主要分为以下三种情况：第一种情况，新就业形态劳动者和企业双方符合《关于确立劳动关系有关事项的通知》规定的相关情形的，双方建立劳动关系；第二种情况，对不完全符合确立劳动关系情形但企业对劳动者进行劳动管理的，劳动者的劳动过程要遵守平台企业确定的算法等相关规则的，企业应当与劳动者订立书面协议，承担维护劳动者权益的相应责任；第三种情况，个人依托平台自主开展经营活动、从事自由职业的，按照民事法律调整双方的权利义务。

此外，平台企业采取劳务派遣等合作用工方式组织劳动者完成平台工作的，应选择具备合法经营资质的企业，并对其保障劳动者权益情况进行监督。平台企业采用劳务派遣方式用工的，应当遵守劳务派遣相关规定，依法履行劳务派遣用工单位责任，给被派遣劳动者造成损害的，劳务派遣单位与平台企业承担连带赔偿责任。对采取外包等其他合作用工方式，应督促合作企业依法用工并维护劳动者相关权益；平台企业存在未及时有效进行监督、未合理披露实际用人单位情况等过错，导致劳动者权益受到损害的，应依法承担相应责任。企业以非劳动关系名义用工，但符合劳动关系特征的，应依法承担相应责任。

2022 年 12 月，最高人民法院印发《关于为稳定就业提供司法服务和保障的意见》，要求依法合理认定新就业形态劳动关系。平台企业及其用工合作单位与劳动者建立劳动关系的，应当订立书面劳动合同。未订立书面劳动合同，劳动者主张与平台企业或者用工合作单位存在劳动关系的，人民法院应当根据用工事实和劳动管理程度，综合考虑劳动者对工作时间及工作量的自主决定程度、劳动过程受管理控制程度、劳动者是否需要遵守有关工作规则、劳动纪律和奖惩办法、劳动者工作的持续性、劳动者能否决定或者改变交易价格等因素，依法审慎予以认定。平台企业或者用工合作单位要求劳动者登记为个体工商户后再签订承揽、合作等合同，或者以其他方式规避与劳动者建立劳动关系，劳动者请求根据实际履行情况认定劳动关系的，人民法院应当在查明事实的基础上依法作出相应认定。

二、工会在新就业形态劳动者权益维护中的作用

党中央高度重视维护好新就业形态劳动者劳动保障权益。2018 年 10 月 29 日，习近平总书记在同全国总工会新一届领导班子成员集体谈话时强调，工会要通过多种有效方式，把快递员、送餐员、卡车司机等灵活就业群体吸引过来、组织起来、

稳固下来，使工会成为他们愿意依靠的组织。2020 年 11 月，习近平总书记在全国劳动模范和先进工作者表彰大会上强调，要适应新技术新业态新模式的迅猛发展，采取多种手段，维护好快递员、网约工、货车司机等就业群体的合法权益。2021 年 4 月，习近平总书记在广西考察时要求，要完善多渠道灵活就业的社会保障制度，维护好卡车司机、快递小哥、外卖配送员等的合法权益。

与传统意义上的职工相比，新就业形态劳动者具有组织方式平台化、工作机会互联网化、工作时间碎片化、就业契约去劳动关系化及流动性强、组织程度偏低等特点，权益维护面临许多困难问题。近年来，各级工会认真贯彻落实党中央决策部署，将做好新就业形态劳动者工会工作作为全会重点任务，加强统筹谋划，精心组织安排，勇于探索创新，新就业形态劳动者工会工作取得阶段性成效。

加强统筹协调和制度设计，“一盘棋”工作格局初步形成。全国总工会推动和配合修改《工会法》，在法律层面上为新就业形态劳动者组织和加入工会提供明确依据，也明确了工会组织服务新就业形态劳动者，维护其合法权益的职责。全国总工会成立领导小组，制定专项方案，坚持月度调度，加强政策指导，出台了《关于切实维护新就业形态劳动者劳动保障权益的意见》、《关于推进新就业形态劳动者入会工作的若干意见（试行）》等。各地工会主动对接党委组织部门，推动将新就业形态劳动者工会工作纳入党建工作考核体系，与同级地方政府人社、工信、交通运输、市场监管、邮政等部门，做好信息互通共享、资源支持保障工作。

注重思想引领和舆论宣传，关注关怀新就业形态劳动者的社会氛围日益浓厚。各级工会以开展党史学习教育和建党百年系列庆祝活动为契机，将思想政治引领贯穿到工会工作的全过程、各方面，团结引导包括新就业形态劳动者在内的广大职工坚定不移听党话、矢志不渝跟党走。全国总工会开展全国新就业形态劳动者思想状况调研，组织中央主要媒体大力宣传新就业形态劳动者入会集中行动、户外劳动者服务站点建设等，重点宣传外卖员、货车司机等群体涌现出的先进典型。在《工人日报》、学习强会等工会媒体和平台开设“新就业形态劳动者入会集中行动”等专题专栏，出版新就业形态劳动者入会工作书籍，建设280个便利型阅读站点，举办近百场“中国梦·劳动美”、“奋斗者之歌”主题演出和专场慰问。把加强思想政治引领与解决新就业形态劳动者生产生活困难结合起来，以3大类39大项79小项任务为重点，扎实开展“我为群众办实事”实践活动、“工会进万家”调研走访慰问活动，把党和政府的温暖送到他们心坎上。

突出重点群体和头部企业，工会组织覆盖面进一步扩大。全国总工会部署开展新就业形态劳动者入会集中行动，大力推行“重点建、行业建、兜底建”的建会模式，推动4个重点行业12家头部企业全部建会，全国互联网百强企业全部实现建会突破。持续开展重点群体入会项目制建设，做实做强区域（行业）工会联合会。积极推行网上申请入会、集体登记入会、流动窗口入会、职工沟通会现场入会等便捷入会方式。据统计，自2021年以来，全国新发展新就业形态劳动者会员1037万人。

聚焦关心关爱和维权服务，新就业形态劳动者权益保障得到加强。积极推进工会维权服务范围延伸拓展到新就业形态劳动者，探索建立网约配送、快递行业集体协商机制，协商制定配送单价、劳动保护等相关行业劳动标准，指导头部平台企业召开职代会，开展集体协商、签订集体合同工作。在头部平台企业开展提升职工生活品质、塑造幸福生活环境试点，协调设立货车司机、外卖配送员意外伤害保险、大病险等普惠精准服务项目。开展全国模范职工之家“结对共建”试点活动，深化“会、站、家”一体化建设，大力推进工会户外劳动者服务站点建设。开展“工会进万家·新就业形态劳动者温暖行动”服务活动，以送思想文化、送身心健康、送平安保障、送温暖关爱、送工作岗位、送技能提升等为重点，帮助解决他们的急难愁盼问题。

以维护新就业形态劳动者队伍稳定为重点，劳动领域政治安全的良好局面不断巩固。把维护新就业形态劳动者群体安全稳定作为重要政治任务，以构建机制、压实责任为切入点，推动各级工会层层签订责任书，有力拧紧了上下贯通、分级负责的责任链条。以防范风险、化解矛盾为着力点，以新就业形态劳动者群体为重点做好专项排查化解工作，开展涉稳网络舆情监测，做到及时预警、稳慎处置，有力防范化解职工队伍稳定风险，把“五个坚决”要求落到实处，守牢“五个不发生”目标底线。

第四节　构建和谐劳动关系

在新的历史条件下，努力构建中国特色和谐劳动关系，对于促进经济高质量发展、促进社会和谐稳定、巩固党的执政基础和巩固党的执政地位具有重要意义。

一、构建和谐劳动关系的重要性

劳动关系作为重要的生产关系，对企业的发展具有直接影响。只有努力构建和谐劳动关系，引导广大企业和职工正确认识与处理局部利益和整体利益、当前利益和长远利益、职工利益和企业利益、企业利益和社会利益的关系，才能充分调动企业和职工的积极性，保持企业和职工群众的创造活力，不断促进企业发展壮大。当前，我国经济发展进入新常态，经济下行压力加大，稳增长、调结构、转方式的任务十分繁重，企业面临国际国内的市场竞争日趋激烈。在这种形势下，积极构建和谐劳动关系，协调好企业和劳动者的利益关系，处理好稳增长、调结构、转方式中的劳动关系问题，有利于提升人力资本质量、为企业创新发展提供不竭动力，有利于推动经济结构调整顺利进行、保持经济持续健康发展。

社会和谐是中国特色社会主义的本质属性。构建和谐劳动关系，是加强和创新社会管理、保障和改善民生的重要内容，关系社会和谐稳定与发展进步。当前，我国劳动关系进入矛盾凸显期和多发期，一些地区劳动争议案件居高不下，拖欠农民工工资等损害职工利益的现象仍较突出，集体停工和群体性事件时有发生，成为突出的社会矛盾之一。只有努力构建中国特色和谐劳动关系，妥善解决影响劳动关系和谐稳定的突出问题，维护好职工群众的切身利益，才能为全社会的发展、稳定、和谐奠定坚实基础。

企业职工是我国工人阶级队伍的主要组成部分，也是建设中国特色社会主义的主力军，企业经营者是推动我国经济发展的重要力量。努力构建中国特色和谐劳动关系，保障广大职工实现体面劳动，保障广大企业经营者充分施展才华、努力创业，实现职工群众和企业经营者共同发展，对于增强党的阶级基础、扩大党的群众基础，把各方面力量紧紧团结在党的周围，不断开创中国特色社会主义事业新局面具有重大意义。

二、构建和谐劳动关系的工作格局

各地区各部门把构建和谐劳动关系摆到更加突出的位置，作为一项紧迫而重要的政治任务来抓，推动构建和谐劳动关系工作深入发展，取得了积极成效，全国劳动关系保持总体和谐稳定。构建和谐劳动关系工作形成新格局，在推动经济社会发展和维护社会大局稳定中的重要作用日益彰显。

构建和谐劳动关系的工作合力不断增强。各地区各部门不断提高政治站位，从增强党的执政基础、巩固党的执政地位的高度，抓好《关于构建和谐劳动关系的意见》贯彻落实。全国31个省（区、市）出台了具体实施意见，把构建和谐劳动关系纳入当地经济社会发展规划和政府目标责任考核体系，强化组织领导和统筹协调，实行横向协同、纵向联动，在健全劳动关系协调和矛盾调处机制、保障职工基本权益、促进企业健康发展、构建和谐劳动关系良好环境等方面取得了明显成效。5个省成立省委副书记或常委担任组长的构建和谐劳动关系领导小组，23个省（区、市）成立由分管领导担任主任的协调劳动关系三方委员会。三方机制的职能定位、组织模式和运行机制进一步明确，截至2020年底，全国各级三方机制共20162个。党委领导、政府负责、社会协同、企业和职工参与、法治保障的劳动关系工作体制基本建立，源头治理、动态管理、应急处置相结合的工作机制日益完善，劳动关系双方自主协商、社会三方协调、政府依法调整的工作格局基本形成。

和谐劳动关系创建活动蓬勃发展，涌现出一批先进典型，有力激发了广大企业积极参与创建的热情，营造了构建和谐劳动关系的良好氛围。自2018年以来，全国工商联、人社部、全国总工会联合多次开展全国就业与社会保障先进民营企业暨关爱员工实现双赢表彰活动。2019年，国家协调劳动关系三方开展全国构建和谐劳动关系先进表彰，342家企业和50个工业园区受到表彰。2022年，350家企业、50个工业园区分别被命名为全国和谐劳动关系创建示范企业和示范工业园区。

构建和谐劳动关系工作的持续深入发展，有效预防和化解了劳动领域突出矛盾，有力维护了劳动领域政治安全，牢牢守住了不发生系统性、区域性风险的底线，为维护国家政治安全、促进经济高质量发展、确保社会大局稳定奠定了坚实基础，作出了重要贡献。自 2015 年以来，在推动供给侧结构性改革中，全国各级工会积极协助政府及有关部门在化解过剩产能、处置“僵尸企业”中依法规范劳动关系处理工作，制定再就业再创业扶助计划，加强职工创业培训，畅通民主管理渠道，确保职工分流安置平稳有序。自 2020 年以来，为应对新冠肺炎疫情对企业发展、职工就业和劳动关系的影响，做好“六稳”工作，落实“六保”任务，人社部、全国总工会等部门联合印发稳定劳动关系支持企业复工复产的意见等，推动落实援企稳岗政策，指导妥善处理特殊时期劳动用工、工资待遇等稳定劳动关系问题，支持企业复工复产，为推动我国经济运行稳中加固、稳中向好发挥了重要作用。

三、构建和谐劳动关系的规律性认识

各级工会在构建和谐劳动关系中边实践边总结，形成了一些带有规律性的认识，主要有：

一是坚持党的领导，始终以习近平新时代中国特色社会主义思想特别是关于构建和谐劳动关系的重要论述武装头脑、指导实践、推动工作，扎扎实实落实党中央、国务院决策部署，确保构建和谐劳动关系工作的正确政治方向。

二是坚持职工为本，牢固树立以职工为中心的工作导向，统筹处理好促进企业发展和维护职工权益的关系，把解决职工最关心最直接最现实的利益问题、维护职工根本权益，作为构建和谐劳动关系的出发点和落脚点，不断提升职工群众的获得感、幸福感、安全感。

三是坚持依法构建，把劳动关系的建立、运行、监督、调处的全过程纳入法治化轨道，健全劳动保障法律法规，增强用人单位依法用工意识，提高职工依法维权能力，加强劳动保障执法监督和劳动纠纷调处，依法处理劳动关系矛盾，为构建和谐劳动关系提供有力法治保障。

四是坚持综合治理，强化“一盘棋”思维，建立健全构建和谐劳动关系的领导协调机制，发挥党委把关定向作用，把党政力量、群团力量、企业力量、社会力量统一起来，调动劳动关系主体双方的积极性主动性，形成全社会协同参与的工作合力。

思考题：

1. 什么是劳动关系的主体？如何理解中国特色和谐劳动关系？
2. 劳动关系调整机制包括哪些方面？
3. 简述工会在新就业形态劳动者权益维护中的作用。

第八章　深化工会改革和建设

党的二十大报告指出，深化工会、共青团、妇联等群团组织改革和建设，有效发挥桥梁纽带作用。工会改革和建设永远在路上，必须永葆自我革命的勇气和定力，紧紧围绕保持和增强政治性、先进性、群众性的目标方向，着眼构建联系广泛、服务职工的工会工作体系，以更大力度、更实举措持续深化工会改革和建设，为推动工会工作高质量发展注入强大动力，不断开创新时代新征程党的工运事业新局面。

第一节　改革创新是贯穿党领导下百年工人运动史的鲜明主线

一百年以来，中国工会之所以能够从小到大、从弱到强，在党和国家事业中发挥越来越重要的作用，很重要的一个方面就是主动顺应党在各个历史时期中心任务的变化，坚持解放思想、锐意改革创新，与时俱进调整工会工作方针和任务，完善组织体制、运行机制、活动方式和工作方法，在守正创新中不断焕发工会组织生机活力。

一、新民主主义革命时期

作为马克思列宁主义同中国工人运动紧密结合的产物，中国共产党成立后集中力量组织工人阶级、领导工人运动。1921年8月11日，党成立领导工人运动的第一个公开机构——中国劳动组合书记部。书记部出版《劳动周刊》，举办工人学校，组织产业工会，开展罢工斗争，推动党在工人中和整个社会上的政治影响日益扩大。1922 年 5 月，书记部发起召开第一次全国劳动大会，确定了中国共产党在工人运动中的领导地位，通过了以产业组合组织工会的原则，有力促进了地区工会和产业工会的兴起，掀起了中国工人运动的第一个高潮。1925 年 5 月，党发起召开第二次全国劳动大会，正式宣告成立中华全国总工会，建立了全国工会的最高领导机关，实现了全国工会在政治上和组织上的团结统一。

1927 年大革命失败后，中国共产党逐步开辟了农村包围城市、武装夺取政权的革命道路。面对深刻变化的革命形势，中国工会在调整国民党统治区工运政策的同时，创建苏区工会，开辟了一个崭新的工人运动领域。1931 年 2 月，中华全国总工会成立全国总工会苏区执行局。1933 年 2 月，中华全国总工会随中共中央由上海迁入中央苏区瑞金，撤销了全国总工会苏区执行局，改设全国总工会苏区中央执行局。1933 年 4 月至 1934 年 7 月，先后建立中国农业工人、中国店员手艺工人、中国纸业工人、中国苦力运输工人、苏维埃国家企业职工等 5 个“产业工会”，并初步形成了省、县、区三级工会组织系统。苏区工会积极探索了“苏维埃政权的柱石”、“保护工人利益的堡垒”、“工人群众学习共产主义的学校”等基本职责，组织动员工人阶级踊跃参与苏维埃政权建设、经济建设、土地革命和反“围剿”斗争。

1935 年 10 月，中国共产党领导中国工农红军胜利完成了举世闻名的万里长征。随后，中共中央政治局在陕北吴起镇召开会议，决定撤销原全国总工会苏区中央执行局，成立全国总工会西北执行局，负责领导陕北苏区和附近国民党统治区的工人运动，同时继续保留中华全国总工会的名义。1938 年 10月，鉴于中华全国总工会实际上停止了活动，中共中央为了加强对全国特别是各抗日民主根据地工人运动的领导，决定筹备建立中共中央职工运动委员会。1939 年 4 月，中共中央职工运动委员会正式成立。抗日战争时期，中国工会根据不同阶段的形势变化，提出了两条不同的工运方针政策，即在共产党领导的抗日民主根据地实行“发展生产、繁荣经济、公私兼顾、劳资两利”的政策，在国民党统治区和沦陷区实行“荫蔽精干、长期埋伏、积蓄力量、以待时机”的方针。

抗战胜利后，中国共产党以积极防御粉碎国民党的军事进攻，领导人民推翻国民党反动统治。在党的领导下，中国工会一方面在解放区迅速扩大与巩固职工组织，动员职工参加恢复和扩大工业建设，开展生产支前和增产立功运动，参加民主政权建设；另一方面在国民党统治区利用公开合法的条件和灵活多样的斗争形式，团结广大工人群众广泛开展争取生存权利、改善生活待遇的经济斗争和争取和平民主、反对内战独裁的政治斗争。随着全国革命形势的迅速发展，1948 年 8 月，第六次全国劳动大会召开，中华全国总工会恢复，重新实现了工人阶级的大团结和全国工人运动在组织上的统一。1949 年 3 月，中共中央召开七届二中全会，提出了以恢复和发展生产为中心、全心全意依靠工人阶级的城市工作方针，这对于即将取得全国胜利的工人阶级和工人运动具有重大而深远的意义。同年 7 月，全国总工会召开全国工会工作会议，确定了“在一年左右的时间内，基本上把全国工人阶级，首先是把产业工人组织起来，担负起在新民主主义中国的政权建设和经济建设中所负的领导阶级的历史使命”的中心任务，解决了工会会员、会费、工会经费、工会组织系统以及地方工会与产业工会关系等工会组织工作中的具体问题。

二、社会主义革命和建设时期

1949 年 9 月，《中国人民政治协商会议共同纲领》颁布，确立了以工人阶级为领导的、以工农联盟为基础的人民民主专政的国家制度，这不仅使工人阶级和中国工会在性质、地位、任务、组织体制和活动方式上发生了重大转变，也为工人运动和工会工作的开展提供了根本保障和有利条件。1950 年 6 月，中央人民政府颁布《中华人民共和国工会法》，这是新中国最早实施的三部法律之一，明确了工会在新民主主义国家中的法律地位与职责，对于完善工会组织自身发展、更好发挥工人阶级和工会组织在国家建设中的重要作用具有十分重大的意义。

从 1953 年起，在党的过渡时期总路线的指导下，国家制定实施了“一五”计划。为保证大规模经济建设和工业化的需要，国家建立计划经济体制，实行新的工人招收和调配制度。为适应形势任务和经济管理体制的变化，1953 年 5 月，中国工会第七次全国代表大会召开，确立了向社会主义过渡时期的工运方针，其核心是以生产为中心，生产、生活、教育三位一体。

随着社会主义基本制度的建立，党领导全国各族人民进行了全面的大规模的社会主义建设。1956 年 9 月，党的八大正确分析国内形势和国内主要矛盾的变化，制定了全面建设社会主义的路线方针政策。大会还指出，党应当加强对工会工作的领导，通过工会把我国工人阶级培养成为一个有组织的、有觉悟的、有文化技术的阶级，使广大工人群众紧密地团结在党的周围；通过社会主义劳动竞赛和先进生产者运动，为不断提高劳动生产率而奋斗。1957 年 12 月，中国工会八大确立了“坚持执行勤俭建国、勤俭办企业、勤俭办一切事业的方针，掀起新的生产高潮来迎接第二个五年计划，为完成和超额完成新的国家计划而斗争”的中心任务。大会通过的《中国工会章程》还明确了按产业和地区相结合组建工会的原则，并对职工代表大会、职工群众参加企业管理、监督企业行政及加强自我教育等作了规定。1958 年 3 月，中共中央在成都召开工作会议，通过《中共中央关于工会组织问题的意见》，提出了各级工会组织以同级党委领导为主，同时接受上级工会的领导的工会组织领导体制。

三、改革开放和社会主义现代化建设新时期

1978 年 10 月召开的中国工会九大，是新时期我国工人运动和工会工作的新起点。邓小平同志发表的致词，深刻阐明了工会在社会主义现代化建设中的性质、作用和任务，这是指导新时期我国工人运动和工会工作的纲领性文件，为加强工会自身建设、推进工会改革创新提供了坚实的思想理论准备。1979 年 10 月，全国总工会九届二次执委扩大会议贯彻落实党的十一届三中全会精神，深化了工会工作指导思想的拨乱反正，强调要坚持以经济建设为中心，在维护全国人民总体利益的同时，更好地表达和维护职工群众的具体利益。

党的十二大提出“走自己的路、建设有中国特色的社会主义”的重大政治论断，对开创社会主义现代化建设新局面作出全面部署。1983 年 3 月 14 日，中央书记处在讨论中国工会十大工作报告提纲时指出，工会的性质和任务应当是在党的领导下，代表工人阶级利益，为工人阶级办事的群众性组织；工会工作面临开创新局面的伟大任务，要认真研究包括体制改革、制度改革、工作方法和工作作风的改革。根据党的十二大精神和中央书记处指示精神，1983 年 10 月召开的中国工会十大，确定了“以四化建设为中心，为职工说话、办事，维护职工的合法权益，加强对职工的思想政治教育和文化技术教育，建设一支有理想、有道德、有文化、有纪律的职工队伍，充分发挥工人阶

级在社会主义物质文明和精神文明建设中的主力军作用”的工会工作新方针，标志着中国工会走上了探索和开创工会工作新局面的改革之路。

党的十三大进一步确定了经济建设、经济体制改革和政治体制改革的大政方针，并强调工会组织在深化改革中应积极推进组织制度的改革，转变活动方式，积极参与社会协商对话、民主管理和民主监督，把工作重点放在基层，克服“官”气和行政化倾向，赢得群众特别是基层群众的信任。为贯彻落实党的十三大精神，1988 年 9 月，全国总工会十届六次执委会议审议通过《工会改革的基本设想》，确定了工会改革的基本框架。《工会改革的基本设想》既是对过去工会改革实际经验的总结，更是对进一步推进工会改革的指导，在中国工会改革史上具有重大历史意义。1989 年 12 月，中共中央印发《关于加强和改善党对工会、共青团、妇联工作领导的通知》，这是新中国成立以来关于群团工作的第一个全面系统的党内文件，也是推动群团组织改革的纲领性文件。

党的十四大正式把建立社会主义市场经济体制确立为我国经济体制改革的目标。1993 年 10 月，江泽民同志在接见中国工会十二大主席团常务主席时指出，要积极探索有中国特色社会主义工会工作的新路子，努力开创工会工作的新局面。为适应建立市场经济体制的需要，1994 年 7 月，全国人大常委会审议通过《中华人民共和国劳动法》。同年 12 月，全国总工会召开十二届二次执委会议，提出了新时期工会工作的总体思路，即以贯彻实施《劳动法》为契机和突破口，带动工会各项工作，推动自身改革和建设，努力把工会工作提高到一个新水平，在改革、发展、稳定中更好地发挥作用。

党的十五大对加快推进国有企业改革提出新要求，随后以建立现代企业制度为方向的国有企业改革攻坚全面展开。1998

年 10 月，胡锦涛同志在中国工会十三大上发表祝词，强调工会必须全面履行维护、建设、参与、教育等各项社会职能，针对社会主义市场经济条件下劳动关系出现的新变化，更好地代表和维护职工的具体利益，切实把维护职工合法权益放到突出位置，使工会真正成为“职工之家”。此后，全国总工会继承和发展工会工作总体思路，先后提出了“五突破一加强”、“三个最大限度”、“两手抓”等工作要求，不断探索社会主义市场经济条件下工会工作规律，在进一步突出履行维护职能的同时，带动了其他各方面工作的开展和创新，提高了工会工作整体水平。2001 年 10 月修改的《中华人民共和国工会法》，以法律形式明确维护职工合法权益是工会的基本职责，还规定了工会维护职工合法权益的两个主要手段，即平等协商和集体合同制度、职工代表大会制度。

进入新世纪后，党的十六大制定了全面建设小康社会的宏伟纲领。2003 年 9 月，中国工会十四大强调要认真学习贯彻党的十六大精神，团结动员广大职工充分发挥工人阶级主力军作用，为全面建设小康社会、加快推进社会主义现代化作出新的贡献。同年 12 月，全国总工会十四届三次主席团扩大会议明确提出“组织起来、切实维权”的工会工作方针。2006 年 12 月，全国总工会十四届十一次主席团（扩大）会议全面阐明了“以职工为本，主动依法科学维权”的中国特色社会主义工会维权观。同月，全国总工会印发《企业工会工作条例》，确立了“促进企业发展、维护职工权益”的企业工会工作原则。“组织起来、切实维权”工会工作方针、中国特色社会主义工会维权观、企业工会工作原则的提出，适应了我国劳动关系的发展变化，是中国特色社会主义工会理论创新和实践创新的重大发展。国际金融危机爆发之后，我国劳动关系领域的各种矛盾日渐突出。2008 年 12 月，全国总工会十五届二次执委会议提出开展以保岗位、保工资、稳员增效为重点的“共同约定行动”。2010年7月，全国总工会十五届四次执委会议提出“两个普遍”的工作要求和目标，即依法推动企业普遍建立工会组织、普遍开展工资集体协商。2011年8月，党中央召开全国构建和谐劳动关系先进表彰暨经验交流会，提出“构建中国特色和谐劳动关系”的重大命题，在我国劳动关系发展进程中具有标志性意义。

在长期实践探索中，中国工会主动顺应经济关系、劳动关系和职工队伍的发展变化，深入研究社会主义市场经济条件下工会工作的特点和规律，调整工会工作方针、思路、任务、重点，创新工会工作体制机制、途径载体、方式方法，探索出一条适应时代要求、符合基本国情、体现工会性质的中国特色社会主义工会发展道路，把党的工运事业推进到一个新的历史阶段。

四、中国特色社会主义新时代

党的十八大以来，以习近平同志为核心的党中央举旗定向、谋篇布局，把全面深化改革纳入“四个全面”战略布局，以前所未有的决心和力度开启了全面深化改革、系统整体设计推进改革的新时代，蹄疾步稳推进各方面改革，许多领域实现历史性变革、系统性重塑、整体性重构，有力推动了各项事业发展。在这一过程中，党中央把深化群团改革纳入全面深化改革的“总盘子”，作为政治领域固本谋远的重要改革加以推进。

在党的领导下，全国总工会和各级工会坚持以习近平新时代中国特色社会主义思想为指导，认真学习贯彻习近平总书记关于工人阶级和工会工作的重要论述，贯彻落实党中央关于群团改革的决策部署，坚定不移走中国特色社会主义工会发展道路，聚焦保持和增强政治性、先进性、群众性这一根本标尺和长期任务，着力解决“机关化、行政化、贵族化、娱乐化”问题，在建机制、强功能、增实效上下功夫，有力有序有效推进工会改革创新，在一些重点领域和关键环节上实现突破，取得了重要阶段性成果。通过工会改革创新，工会在党和国家工作大局中的重要作用得到进一步彰显，为如期实现第一个百年奋斗目标、开启全面建设社会主义现代化国家新征程作出了历史性贡献。

纵观中国共产党百年来领导中国工运事业波澜壮阔的发展历史，我们可以清晰地得出这样一个结论：一部百年中国工运史，就是一部工会改革创新史。中国工会历来具有改革创新的优良传统，尽管其间有过低谷、有过曲折，走过弯路、绕过远路，但毋庸置疑，保持和增强政治性、先进性、群众性始终是贯穿其中的逻辑主线。历史一再昭示我们：中国工会只有准确把握时代脉搏，适应社会发展变化，尊重基层首创精神，不断推进工会工作和工会组织建设理论创新、实践创新、制度创新，把工会组织建设得更加充满活力、更加坚强有力，才能充分发挥党联系职工群众的桥梁纽带作用，始终与党和国家事业同步前进。

第二节　进入新时代的工会改革创新

党的十八大以来，在以习近平同志为核心的党中央坚强领导下，全国总工会和各级工会以制定和实施《全国总工会改革试点方案》、《深化工会改革创新实施方案》、《中国工运事业和工会工作“十四五”发展规划》为抓手，分阶段、有步骤地推进工会改革创新，推动新时代党的工运事业和工会工作实现全面进步、全面提高。

一、制定《全国总工会改革试点方案》，开启新时代工会改革创新之路

在全国总工会开展中央群团机关改革试点，这是党中央从统筹推进“五位一体”总体布局、协调推进“四个全面”战略布局出发作出的重大决策部署，是贯彻党的十八届三中全会和中央党的群团工作会议精神的重要举措，也是党中央交给全国总工会的重要政治任务，在中国工运史上意义重大、影响深远。

（一）《全国总工会改革试点方案》出台的背景和过程

党的群团工作是党的一项十分重要的工作，群团改革是全面深化改革的重要任务，党中央高度重视群团工作和群团改革。2013 年 4 月 28 日，习近平总书记在同全国劳动模范代表座谈时指出，时代在发展，事业在创新，工会工作也要发展、也要创新。10 月 23 日，习近平总书记在同全国总工会新一届领导班子成员集体谈话时强调，要坚持党对工会工作的领导，团结动员亿万职工积极建功新时代，加强对职工的思想政治引领，加大对职工群众的维权服务力度，深入推进工会改革创新，开创新时代我国工运事业和工会工作新局面。11 月 9 日至 12 日，党中央召开十八届三中全会，审议通过《中共中央关于全面深化改革若干重大问题的决定》。2015 年 1 月，中共中央印发《中共中央关于加强和改进党的群团工作的意见》，对加强和改进党对群团组织的政治领导、思想领导、组织领导，发挥群团组织作用、推动群团组织改革创新提出了明确要求。4 月 28 日，习近平总书记在庆祝“五一”国际劳动节暨表彰全国劳动模范和先进工作者大会上指出，要自觉运用改革精神谋划推进工会工作，创新组织体制、运行机制、活动方式、工作方法，推动工会工作再上新台阶。7 月 6 日，召开党的历史上第一次中央党的群团工作会议，为党的群团事业发展和群团改革创新开启了新的阶

段、提供了历史机遇。习近平总书记出席会议并发表重要讲话，从巩固党执政的阶级基础、群众基础的战略高度，从推进党和国家事业长远发展的全局高度，精辟阐述了做好新形势下党的群团工作的重大意义、方向目标和基本要求，深刻阐明了党的群团工作的一系列重大理论和实践问题，强调工会、共青团、妇联等群团组织要增强自我革新的勇气，下大气力解决“机关化、行政化、贵族化、娱乐化”的突出问题，切实保持和增强政治性、先进性、群众性，努力开创新形势下党的群团工作新局面。

2015 年，党中央决定在全国总工会开展中央群团机关改革试点。7 月 23 日，中央全面深化改革领导小组办公室下发《关于在全国总工会开展中央群团机关改革试点的通知》。10 月 22 日，中央书记处召开办公会议，讨论并原则同意《全国总工会改革试点方案》。11 月 9 日，习近平总书记主持召开中央全面深化改革领导小组第十八次会议，审议通过了《全国总工会改革试点方案》。会议指出，推进党的群团改革，必须紧紧围绕保持和增强政治性、先进性、群众性这条主线，强化问题意识、改革意识，着力解决突出问题，把群团组织建设得更加充满活力、更加坚强有力。群团组织要坚定不移走中国特色社会主义群团发展道路，坚持党对群团工作的统一领导，把自觉接受党的领导、团结服务所联系群众、依法依章程开展工作有机统一起来，在思想上政治上行动上自觉同党中央保持高度一致。要坚持为党分忧、为民谋利，从群众需要出发开展工作、深化改革，眼睛向下、面向基层，改革和改进机关机构设置、管理模式、运行机制，坚持力量配备、服务资源向基层倾斜。这次会议，进一步为推进全国总工会改革试点工作指明了方向、提供了遵循。

（二）改革试点的总体思路和主要举措

改革试点的指导思想是，深入贯彻习近平总书记系列重要讲话精神特别是关于工人阶级和工会工作的重要论述，按照“四个全面”战略布局，贯彻落实中央党的群团工作会议重要部署，全面把握中国特色社会主义群团发展道路“六个坚持”的基本要求和“三统一”的基本特征，贯彻党的全心全意依靠工人阶级根本方针，站在巩固党执政的阶级基础和群众基础的政治高度，牢牢把握工运时代主题，坚定不移走中国特色社会主义工会发展道路，勇于责任担当、勇于直面问题、勇于自我革新，最广泛地把职工群众组织动员起来，为实现“两个一百年”奋斗目标、实现中华民族伟大复兴的中国梦建功立业。

改革试点的目标要求是，紧紧围绕保持和增强工会工作和工会组织的政治性、先进性、群众性这条主线，强化问题意识、改革意识，克服“机关化、行政化、贵族化、娱乐化”现象，改革全国总工会机关的组织体制、管理模式、运行机制和活动方式，解决脱离职工群众的突出问题，把工会组织建设得更加充满活力、更加坚强有力，切实承担起引导职工群众听党话、跟党走的政治责任。

改革试点的基本原则是，坚持正确方向，坚持中国共产党的领导，坚定走中国特色社会主义道路，把党的领导、党的意志和主张、党对职工群众的关怀落实到工会工作中；突出问题导向，明确重点、突破难点，对症下药、标本兼治，坚持立行立改，切实解决问题；着力开拓创新，解放思想、更新观念，发扬民主、集思广益，提出具有针对性、前瞻性、突破性的思路和办法，破解制约工会工作创新发展的制度性障碍，为推动工会工作再上新台阶提供强劲动力。

改革试点工作立足全国总工会机关、着眼工会系统，本着应该改能够改、可复制可推广的要求，提出了 7 个方面 27 条任务。主要有：第一，改进工会领导机构人员构成和全国总工会机构设置，包括提高领导机构中职工代表比例，整合优化机关职能和机构设置，实行全国总工会机关编制“减上补下”，改进机关干部管理方式；第二，创新职工建功立业的载体和方式，包括做强工会工作品牌、充分发挥工人阶级在实现中国梦中的主力军作用，改善劳动模范评选宣传和管理服务，拓展职工职业技能培训，强化职工思想政治工作；第三，完善维护职工权益制度和机制，包括突出维护职工基本权益，健全职工协商民主机制，构建以精准帮扶为重点的服务职工体系，提升农民工入会和服务工作，强化工会资产服务职工功能，探索建立工会服务职工满意度评价制度；第四，着力做强基层夯实基础，包括加强和改进基层工会组织建设，坚持工会经费使用进一步向基层倾斜，改进会员发展和会籍管理工作，健全改进作风、联系基层、服务职工制度，强化产业工会职责作用；第五，坚决维护职工队伍和工会组织团结统一，包括加强工会系统维护稳定工作，探索联系引导劳动关系领域社会组织机制；第六，创建工会网上工作平台包括打造全国工会系统服务职工网络载体，开展网上教育引导和舆论斗争；第七，充分发挥全国总工会党组的领导核心作用，包括围绕党和国家工作大局开展工会工作，全面落实党建工作责任制，建立与省级党委协调推进工会工作制度，加强和改进工会理论研究工作。

二、制定《深化工会改革创新实施方案》，继续把新时代工会改革创新推向深入

改革试点工作结束后，全国总工会乘势而上、顺势而为，制定实施《深化工会改革创新实施方案》，推动工会改革创新向纵深发展、向基层延伸。

（一）《深化工会改革创新实施方案》制定出台的背景

2017 年 2 月 6 日，习近平总书记主持召开中央全面深化改革领导小组第三十二次会议，充分肯定全国总工会改革试点工作取得明显成效，强调已经开展试点的群团和地方要继续在建机制、强功能、增实效上下功夫，巩固改革成果。8 月 22 日，习近平总书记就群团工作和群团改革作出重要指示，强调要认真总结经验，继续统一思想、抓好落实，切实把党中央对群团工作和群团改革的各项要求落到实处；要推动各群团组织结合自身实际，紧紧围绕增强政治性、先进性、群众性，直面突出问题，采取有力措施，敢于攻坚克难，注重夯实群团工作基层基础，以改革推动群团组织提高工作和服务水平，努力开创党的群团工作新局面。这一重要指示，是对工会在内的群团组织的巨大鼓舞和有力鞭策，为不断深化工会改革创新注入了强大动力。8 月 26 日，群团改革工作座谈会召开，对贯彻落实习近平总书记重要指示、深化群团改革提出明确要求。

党的十九大确定了决胜全面建成小康社会、开启全面建设社会主义现代化国家新征程的目标，强调要创新群众工作体制机制和方式方法，推动工会、共青团、妇联等群团组织增强政治性、先进性、群众性，发挥联系群众的桥梁纽带作用，组织动员广大人民群众坚定不移跟党走。2018 年 2 月，党中央召开十九届三中全会，审议通过《中共中央关于深化党和国家机构改革的决定》（以下简称《决定》）和《深化党和国家机构改革方案》。《决定》指出，要深化群团组织改革，健全党委统一领导群团工作的制度，推动群团组织增强政治性、先进性、群众性，优化机构设置，完善管理模式，创新运行机制，坚持眼睛向下、面向基层，将力量配备、服务资源向基层倾斜，构建联系广泛、服务群众的群团工作体系，增强群团组织团结教育、维护权益、服务群众功能，更好发挥群团组织作为党和政府联系人民群众的桥梁纽带作用。

（二）《深化工会改革创新实施方案》的总体要求和主要措施

为全面贯彻党的十九大和十九届三中全会，落实党中央关于深化群团改革的决策部署，2018 年 9 月 25 日，全国总工会制定印发《深化工会改革创新实施方案》。

深化工会改革创新的指导思想是以习近平新时代中国特色社会主义思想为指导，紧紧围绕统筹推进“五位一体”总体布局和协调推进“四个全面”战略布局，牢固树立和贯彻落实新发展理念，推动落实党的全心全意依靠工人阶级方针，牢牢把握工人运动时代主题，坚定不移走中国特色社会主义工会发展道路，紧紧围绕保持和增强政治性、先进性、群众性这条主线，以更大力度、更实举措推进工会改革创新，在建机制、强功能、增实效上下功夫，构建联系广泛、服务职工的工会工作体系，把工会组织建设得更加充满活力、更加坚强有力，进一步夯实党执政的阶级基础和群众基础，在实现国家治理体系和治理能力现代化中更好发挥工会组织的重要作用。

《深化工会改革创新实施方案》提出 7 个方面 30 条具体举措。主要有：第一，加强党的全面领导，包括坚持自觉接受中国共产党的领导，充分发挥党组织的领导核心作用，加强工会系统党风廉政建设；第二，深化领导机构改革，包括提高统筹协调能力，创新运行机制，强化工作督导，探索创新产业工会工作，强化资产监督管理，改进工会经费使用管理，争取更多资源手段；第三，优化强化工会职能，包括加强职工思想政治引领，提高职工技术技能素质，健全完善工会维权机制，强化维护职工队伍稳定工作，积极参与协商民主建设，提升工会工作法治化水平；第四，健全服务职工工作体系，包括拓展服务阵地建设，创新服务方式，突出服务重点；第五，不断夯实工会基层基础，包括明确基层建设重点，创新建会方式，壮大基层工作力量，活跃基层工会工作；第六，扎实推进网上工会建设，包括推进工会网上工作，加快建设网上工作平台，充实网上工作平台内容，改进网上宣传引导；第七，建设高素质专业化干部队伍，包括创新工会干部选拔管理制度，提升工会干部专业素养能力，完善工会干部保护机制。

三、制定《中国工运事业和工会工作“十四五”发展规划》，推动新时代工会改革创新向更深层次、更高水平迈进

立足“十四五”时期我国进入新发展阶段，全国总工会研究制定《中国工运事业和工会工作“十四五”发展规划》，以全局观念和系统思维谋划工会改革创新，不断提高改革综合效能。

（一）《中国工运事业和工会工作“十四五”发展规划》出台的背景

2018 年 10 月 29 日，习近平总书记在同全国总工会新一届领导班子成员集体谈话时指出，要深入推进工会改革创新，构建联系广泛、服务职工的工会工作体系，在建机制、强功能、增实效上下功夫，在已有改革成效基础上不断深化，切实把党中央关于深化工会改革的决策部署落到实处。2020 年 10 月，党中央召开十九届五中全会，审议通过《中共中央关于制定国民经济和社会发展第十四个五年规划和二〇三五年远景目标的建议》，擘画了我国未来 5 年和 15 年发展的宏伟蓝图。11 月 24 日，习近平总书记在全国劳动模范和先进工作者表彰大会上指出，工会要总结 95 年来的成绩和经验，健全联系广泛、服务职工的工会工作体系，努力提高工会工作能力和水平。2021 年 1 月 7 日，习近平总书记在听取中央书记处工作报告时指出，对群团改革要进行盘点、做好评估，在此

基础上谋划好“十四五”时期群团改革，推动改革不断向基层延伸、取得更大成效。

全国总工会动员各方力量、汇集各方智慧，研究制定《中国工运事业和工会工作“十四五”发展规划》，并于2021年7月印发。这既是党中央的要求，是时代的呼唤，也是职工群众和各级工会的热切期盼。

（二）《中国工运事业和工会工作“十四五”发展规划》的总体要求和主要举措

《中国工运事业和工会工作“十四五”发展规划》（以下简称《规划》）在认真总结党的十八大以来中国工运事业和工会工作取得的成就，深刻分析进入新发展阶段工会面临的新形势新任务新要求基础上，提出了“十四五”时期工会工作的指导思想：以习近平新时代中国特色社会主义思想为指导，全面贯彻党的十九大和十九届二中、三中、四中、五中全会精神，学习贯彻习近平总书记关于工人阶级和工会工作的重要论述，增强“四个意识”、坚定“四个自信”、做到“两个维护”，围绕把握新发展阶段、贯彻新发展理念、构建新发展格局、推动高质量发展，坚持稳中求进工作总基调，牢牢把握为实现中华民族伟大复兴的中国梦而奋斗的工运时代主题，坚定不移走中国特色社会主义工会发展道路，以保持和增强工会组织和工会工作政治性、先进性、群众性为主线，以产业工人队伍建设改革和工会改革为动力，以推动工会工作高质量发展为着力点，使职工的理想信念更加坚定，权益保障更加充分，劳动关系更加和谐，党执政的阶级基础和群众基础更加牢固，广大职工在全面建设社会主义现代化国家开好局、起好步中主力军作用更加彰显。《规划》明确了坚持党的领导、坚持正确方向、坚持服务大局、坚持职工为本、坚持改革创新、坚持法治保障的基本原则。《规划》提出了今后5年的奋斗目标，主要包括工会理论武装得到新加强、职工思想引领取得新进展、职工建功立业展现新作为、维护职工权益取得新实效、服务职工水平实现新提升、工会组织建设呈现新活力等6个方面。

《规划》以保持和增强工会组织和工会工作政治性、先进性、群众性作为主线来谋划，努力紧扣大局、突出重点、体现特色、务求实效，从9个方面谋划了未来5年的重点工作。主要有以下特色亮点：一是突出思想政治引领的政治责任。坚持以习近平新时代中国特色社会主义思想武装职工，加强思想政治引领的制度性安排，团结引导广大职工听党话、感党恩、跟党走，夯实党执政的阶级基础和群众基础。二是突出产业工人队伍建设改革。广泛深入持久开展"建功'十四五'、奋进新征程"劳动和技能竞赛，强化创新核心地位，发挥群众性创新活动优势，弘扬劳模精神、劳动精神、工匠精神，引导广大职工为推动高质量发展贡献智慧和力量。三是突出新就业形态劳动者入会和维权服务。以货车司机、网约车司机、快递员、外卖配送员等新就业形态劳动者为重点，推动制定和修改完善有关法律法规和政策制度，做到教育引导、建会入会、维权服务一体推进。四是突出提升职工生活品质。将巩固拓展城市困难职工解困脱困成果同提升职工生活品质有效衔接，打造送温暖、劳动者户外服务站点等工会服务品牌，健全困难职工家庭常态化帮扶长效机制，大力开展普惠性服务工作。五是突出构建和谐劳动关系。坚持维权和维稳相统一，健全劳动关系协商协调机制，落实"五个坚决"要求长效机制，切实维护劳动领域政治安全。六是突出工会改革创新。坚持重心下移，夯实基层基础；加强新经济领域工会组织建设，扩大工会组织覆盖面；加快推进智慧工会建设，构建联系广泛、服务职工的工会工作体系。此外，《规划》还从素质提升、精准服务、依法维权、组织建设等4个方面研提了18个数据指标，对未来5年的工会工作提出了明确的期量性要求。

四、新时代工会改革创新的主要做法及成效

（一）以加强党的领导为统领，始终保持了工会工作的正确政治方向

坚持把自觉接受党对工会工作的领导作为最高政治原则和根本要求，增强“四个意识”、坚定“四个自信”、做到“两个维护”，始终在思想上政治上行动上同以习近平同志为核心的党中央保持高度一致。健全落实自觉接受党的领导制度，把学习贯彻习近平新时代中国特色社会主义思想作为首要政治任务，完善党组（党委）会议“第一议题”、党组理论学习中心组学习、向党中央请示报告重大事项等制度，健全贯彻落实习近平总书记重要指示批示精神和党中央重大决策部署工作制度。深化对习近平总书记关于工人阶级和工会工作的重要论述的学习贯彻和研究阐释，两次内部编印《习近平关于工人阶级和工会工作论述摘编》，出版《深入学习贯彻习近平总书记关于工人阶级和工会工作的重要论述》，连续4年召开学习宣传贯彻重要论述理论研讨会。提高工会系统党建工作质量，扎实开展5次党内集中学习教育，制定实施全面从严治党责任清单，开展“忠诚党的事业、竭诚服务职工”模范政治机关创建，有力推动基层党组织全面进步、全面过硬。持之以恒改进工作作风，扎实开展赴基层蹲点活动、“县级工会加强年”专项工作，“转作风、解难题、促发展、保稳定”专项行动。

（二）以改革机构设置为突破，显著增强了工会组织广泛性代表性群众性

适应形势任务发展需要，突出工会组织特点，改革机构设置、优化机构职能，领导机关运行效能得到持续提高。工会领导机关精简人员编制，提高领导机构中劳动模范和一线职工代

表比例，全国总工会执委、主席团成员中劳动模范和一线职工比例为20.1%；全国31个省级地方工会配备挂职兼职副主席143名，其中劳动模范和一线职工兼职副主席65名。优化机关组织职能，全国总工会机关将6个主要职能部门整合为3个，事业单位由18个减少到13个，开展机构编制执行情况和使用效益评估试点工作，做好中央群团改革以来全国总工会机关职责运行情况的梳理摸底工作。

（三）以思想政治引领为先导，团结引导广大职工坚定不移听党话、跟党走

坚决履行工会政治责任，坚持用新时代党的创新理论武装职工，加强对职工的思想政治引领，筑牢亿万职工团结奋斗的思想基础。加强职工思想政治引领，广泛开展“四史”宣传教育、“中国梦·劳动美”主题宣传教育活动，推动党的创新理论进企业、进车间、进班组。大力培育和弘扬社会主义核心价值观，开展全国职工职业道德建设评选表彰活动，广泛开展职工志愿服务。打造“工”字系列职工文化特色品牌，制定实施《关于加强新时代职工文化建设的指导意见》，举办职工艺术节、建设工运史馆和劳模公园（广场）等，持续打造健康文明、昂扬向上、全员参与的职工文化。

（四）以推进产业工人队伍建设改革为牵引，极大激发了亿万职工奋进新征程建功新时代的智慧和力量

牢牢把握我国工人运动时代主题，创新职工建功立业的载体和方式，组织动员广大职工为完成党中央确定的目标任务而奋斗。履行牵头抓总职责，推动党中央、国务院及相关部门出台改革配套文件100多个，全国总工会出台相关文件20多个，31个省（区、市）均出台改革实施方案及配套政策文件，健全和落实6项机制，开展两批25家单位改革试点。广泛深入持久开展“凝心聚力决胜小康”行动、“践行新理念、

建功‘十三五’”主题劳动和技能竞赛、“建功‘十四五’、奋进新征程”主题劳动和技能竞赛等，截至2020年底，全国年均开展竞赛活动的已建工会规模以上企业78.7万家，参与职工8260.5万人。大力弘扬劳模精神、劳动精神、工匠精神，牵头做好劳动模范评选表彰工作，注重向基层一线、普通劳动者倾斜，2018年以来全国五一劳动奖章表彰中产业工人比例超过40%，2020年全国劳动模范表彰中一线工人和企业技术人员占比达71.1%。成功举办首届大国工匠创新交流大会和首届大国工匠论坛，命名297家全国示范性劳模和工匠人才创新工作室，示范带动创建各级各类创新工作室8.2万余家，20个一线产业工人创新项目获国家科学技术进步奖。

（五）以强化维权服务为重点，有效提升了职工群众获得感、幸福感、安全感

坚持以职工为中心的工作导向，认真履行维护职工合法权益、竭诚服务职工群众的基本职责，推动解决职工群众急难愁盼问题，促进职工群众共建共享改革发展成果。加强工会源头参与和法律服务工作，配合全国人大常委会完成《工会法》修改工作。持续开展全国工会就业创业服务系列活动，党的十八大以来，累计组织线上线下招聘会9万余场次，成功介绍就业1000万人次；培训超过2000万人次，培训后就业600万人。扎实推进城市困难职工解困脱困工作，截至2020年底，工会建档立卡的549.87万户困难职工家庭全部如期实现解困脱困，困难职工家庭可支配收入平均增长19.6%。突出做好新就业形态劳动者维权服务工作，开展“工会进万家·新就业形态劳动者温暖行动”服务活动，推进“劳动者港湾”、“爱心驿站”等工会户外劳动者服务站点建设，探索多领域多行业、平台头部企业建立协商协调机制。

（六）以引领构建和防范化解为抓手，切实维护了职工队伍团结统一和社会和谐稳定

坚持一手抓引领构建、一手抓防范化解，从构建工作格局上着力，以建立健全机制推进，切实把“五个坚决”要求落到实处，守牢“五个不发生”目标底线。落实构建和谐劳动关系长效机制，完善协调劳动关系三方机制，开展劳动争议多元化解试点工作，实施集体协商攻坚计划、“稳就业促发展构和谐”行动计划，协商建制率持续动态保持 80%以上。深化和谐劳动关系创建示范活动，构建全国 31 个省（区、市）、145 个城市直报点、2985 家企业的劳动关系发展态势监测网络，推行企业集团职工代表大会制度，制定职工代表大会操作指引，规范以职工代表大会为基本形式的企业民主管理制度。加强维护劳动领域政治安全体制机制建设，发挥部委协同机制和全国总工会平安中国建设协调机制作用，建立运转维护劳动领域政治安全 10 项机制和“1+1+N”工作推进机制，突出抓好风险防控和排查化解工作，开展涉稳网络舆情监测，做到及时预警、稳慎处置。

（七）以夯实基层基础为导向，有力促进了工会组织建起来转起来活起来

贯彻落实到基层、落实靠基层理念，把资源和手段进一步向基层倾斜，激发基层工会活力。加强建会入会工作，连续开展基层工会建设年、落实年活动和“强基层、补短板、增活力”行动，开展农民工入会集中行动、货车司机等八大群体入会工作和百人以上企业建会专项行动等，持续推动工会组织向非公经济组织、社会组织等领域延伸，向新业态、新就业群体拓展。开展新就业形态劳动者入会集中行动，推行“重点建、行业建、兜底建”模式，推动新就业形态劳动者特别是货车司机、网约车司机、快递员、外卖配送员等群体入会实现突破。加强基层

工会规范化建设，推进基层工会组织和工会会员实名制管理，规范基层工会选举工作，完善会员（代表）大会、会员评家制度，将全国工会经费全部收入的95%留在地方和基层工会，全国总工会本级集中的5%中70%以上用于补助下级工会支出。

总的看来，在以习近平同志为核心的党中央坚强领导下，全国总工会和各级工会的改革决心越来越强、改革力度越来越大、改革举措越来越实，新时代工会改革创新从试点先行、全面铺开，到整体推进、纵深发展，再到系统集成、提质增效，取得了重要阶段性成果。通过深化工会改革创新，全面加强了党对工会工作的领导，提升了工会联系服务职工的能力，改出了工会干部队伍的精气神，改出了工会组织的凝聚力战斗力，改出了工运事业的新气象。

第三节　面向新征程的工会改革和建设

党的二十大首次把守正创新作为大会主题的重要内容，作为习近平新时代中国特色社会主义思想的世界观和方法论之一；强调深化工会、共青团、妇联等群团组织改革和建设，有效发挥桥梁纽带作用。这是党中央从始终赢得人民拥护、巩固长期执政地位的高度出发，对群团组织提出的更高要求，为新时代新征程上党的工运事业和工会工作坚持守正创新、深化改革建设提供了重要遵循、注入了新的动力。新征程上，工会改革和建设要有新气象、新作为。

第一，坚持以党的创新理论为科学指引。要坚持以习近平新时代中国特色社会主义思想为指导，全面学习、全面把握、全面落实党的二十大精神，深入学习贯彻习近平总书记关于全面深化改革特别是关于群团改革的重要论述，同习近平总书记关于工人阶级和工会工作的重要论述结合起来理解、贯通起来落实，深刻领悟“两个确立”的决定性意义，增强“四个意识”、坚定“四个自信”、做到“两个维护”，确保工会改革和建设始终沿着正确方向前进。要胸怀“两个大局”、牢记“国之大者”，把深化工会改革和建设放到党和国家工作大局、全面深化改革全局中去思考、去把握、去推进，更好发挥工会组织作用、体现工会工作价值，确保党中央重大决策部署在工会系统落地落实。

第二，聚焦保持和增强政治性、先进性、群众性的目标方向。深化工会改革和建设，必须把保持和增强政治性、先进性、群众性作为根本标尺和长期任务来抓，做到凡是不符合“三性”的都要坚决地改，凡是能增强“三性”的都要坚决地做。

在保持和增强政治性方面。围绕政治性深化工会改革，就要坚持最高政治原则，完善理论学习常态化、贯彻落实习近平总书记重要指示批示、做到“两个维护”等方面的制度机制，把党的领导贯穿到工会工作全过程、各方面。要加强政治建设，完善工会系统全面从严治党各项制度机制，提高党的建设质量，不断增强工会组织政治属性和政治功能。要履行政治责任，创新职工思想政治工作方式方法、增强针对性实效性，健全维护劳动领域政治安全长效机制，团结引领职工群众坚定不移听党话、矢志不渝跟党走，不断巩固党长期执政的阶级基础和群众基础。

在保持和增强先进性方面。围绕先进性深化工会改革，就要牢牢把握为实现中华民族伟大复兴的中国梦而奋斗的工运时代主题，组织动员亿万职工建功新征程、奋进新时代。要着眼壮大工人阶级队伍，完善坚持全心全意依靠工人阶级方针、保障工人阶级主人翁地位的制度安排，不断发展工人阶级先进性。要着眼发挥工人阶级主力军作用，完善开展劳动和技能竞赛、激发职工创新活力、弘扬劳模精神劳动精神工匠精神等方面的制度机制，组织动员亿万职工为推动高质量发展贡献智慧和力量。要提升职工技术技能素质，健全构建职工技能形成体系、畅通技能人才职业发展通道、发挥企业主体作用等方面的制度机制，不断提升产业工人队伍建设改革实效。

在保持和增强群众性方面。围绕群众性深化工会改革，就要着力转变拓展职能，紧紧围绕有效发挥桥梁纽带作用，创新体制机制和方式方法，构建联系广泛、服务职工的工会工作体系，不断增强工会团结教育、维护权益、服务职工职能，把工会组织建设得更加充满活力、更加坚强有力。要密切联系职工群众，健全工会领导机关干部常态化下基层、网上联系服务职工等方面的长效机制，推动工会组织工作上网、服务上网、活动上网，把互联网建成工会工作的坚强阵地，走好新时代党的群众路线。要着力扩大有效覆盖，大力推行“重点建、行业建、兜底建”模式，推动改革向基层延伸，完善“小三级”工会建设、夯实基层基础、激发基层工会活力等方面的制度机制，建立健全纵横交织、条块结合的组织体系，做到哪里有职工、哪里需要做工作，工会组织和工会工作就跟进到哪里，激发基层工会组织生机活力。要认真履行维权服务基本职责，完善新就业形态劳动者权益保障、协调劳动关系、提升职工生活品质等方面的制度机制，不断增强广大职工获得感、幸福感、安全感，在扎实推动共同富裕中发挥积极作用。

第三，着力破解制约工会工作高质量发展的重点难点问题和薄弱环节。工会改革道路上仍面临着很多复杂的矛盾和问题，我们已经啃下了不少硬骨头但还有许多硬骨头要啃，我们攻克了不少难关但还有许多难关要攻克。比如，在基层工会改革方面，基层改革还有差距，改革向纵深推进、向一线延伸不够；在产业工人队伍建设改革方面，存在企业推进改革主体作用发挥不够、“最后一公里”没打通的问题；在新就业形态劳动者维权服务和建会入会方面，劳动者对劳动报酬、平台规则制定、社会保险、职业安全等突出问题仍然反映强烈；在智慧工会建设方面，“互联网+”工会普惠性服务实效性有待增强，数据信息的互联互通还不到位。这就要求我们继续奔着问题去、盯着问题改，敢于攻坚克难、啃“硬骨头”，着眼增强改革的系统性、整体性、协同性，上下联动、整体推进，优化工作职能，聚焦主责主业，破解制约工会工作创新发展的制度性障碍，真正让工会工作在职工群众中看得到身影、听得到声音、发挥出作用。

第四，把推动改革落地见效摆在更加突出的位置。一是抓统筹协调。对内要在发挥全国总工会深化工会改革创新领导小组作用的同时，统筹好领导小组办公室成员单位与业务部门、全国总工会机关与各地工会等方面的关系，做到既各司其职、各负其责，又加强协作配合，形成工作合力。对外要注重与中央改革办、国家部委、其他群团组织等的工作协调，为工会改革营造良好环境。二是抓调查研究。一方面，要加强对重大改革问题的调研，坚持眼睛向下、脚步向下，多听听基层一线声音，多接触第一手材料，了解基层一线和职工群众所思、所想、所盼，使工会改革举措更接地气。另一方面，要尊重基层首创精神，注意激发基层改革活力，下功夫发现基层的有益探索，及时总结经验做法，为面上改革探索路子。三是抓督查落实。要加大督查工作力度，扩点拓面、究根探底，做到既要听其言，也要观其行、查其果，对改革举措成效如何要刨根问底、掌握实情。四是抓能力建设。要加强对各级工会干部推进改革情况的了解，加大改革实绩考核权重，形成鼓励改革、支持改革正确用人导向，把那些想改革、谋改革、善改革的干部用起来，激励干部敢于担当、攻坚克难。五是抓宣传引导。完善工会改革宣传引导机制，大力宣传工会改革和建设取得的新进展新成效，准确解读出台的改革政策举措，为推动深化工会改革和建设营造良好氛围。

思考题：

1. 如何理解改革创新是贯穿党领导下百年工人运动史的鲜明主线？

2. 如何理解中央党的群团工作会议在中国工会改革史上的重大意义？

3. 如何理解保持和增强政治性、先进性、群众性这一深化工会改革和建设的目标方向？

参 考 文 献

1. 马克思恩格斯论工会[M]. 北京：工人出版社，1980.

2. 毛泽东邓小平江泽民论工人阶级和工会工作[M]. 北京：中央文献出版社，2002.

3. 习近平. 习近平谈治国理政[M]. 北京：外文出版社，2014.

4. 习近平. 习近平谈治国理政（第二卷）[M]. 北京：外文出版社，2017.

5. 习近平. 习近平谈治国理政（第三卷）[M]. 北京：外文出版社，2020.

6. 习近平. 习近平谈治国理政（第四卷）[M]. 北京：外文出版社，2022.

7. 中国共产党第二十次全国代表大会文件汇编[M]. 北京：人民出版社，2022.

8. 本书编写组. 党的二十大报告辅导读本[M]. 北京：人民出版社，2022.

9. 本书编写组. 党的二十大报告学习辅导百问[M]. 北京：学习出版社，党建读物出版社，2022.

10. 全国总工会课题组. 深入学习贯彻习近平总书记关于工人阶级和工会工作的重要论述[M]. 北京：中国工人出版社，2021.

11. 李玉赋. 新的使命和担当：《新时期产业工人队伍建设改革方案》解读[M]. 北京：中国工人出版社，2017.

12. 李玉赋．新的使命和担当Ⅱ：中国工会改革创新实录（2015—2017）［M］．北京：中国工人出版社，2017.

13. 李玉赋．新的使命和担当Ⅲ：全国总工会改革试点制度文件与释义［M］．北京：中国工人出版社，2017.

14. 中华全国总工会．中共中央关于工人运动文件选编［M］．北京：档案出版社，1986.

15. 中华全国总工会．中国特色社会主义工会发展道路学习读本［M］．北京：中国工人出版社，2012.

16. 中华全国总工会．工会基础理论概论［M］．北京：中国工人出版社，2013.

17. 中华全国总工会研究室．把握时代主题服务职工群众［M］．北京：中国工人出版社，2017.

18. 本书编写组．改革开放以来的中国工人阶级和工会事业［M］．北京：中国工人出版社，2015.

19. 中国工运研究所．新编中国工人运动史（上下卷）［M］．北京：中国工人出版社，2016.

20. 中国工运研究所．工会基础知识［M］．北京：中国工人出版社，2017.

21. 林涧青，陈进玉．马克思恩格斯列宁斯大林论工人阶级［M］．北京：工人出版社，1986.

22. 吕嘉民．列宁工会学说史［M］．沈阳：辽宁人民出版社，1987.

23. 冯同庆．马克思主义工会思想史［M］．北京：中国工人出版社，1993.

24. 杨兴富．新时期工会自身改革和建设的探索（1988—1998）［M］．北京：中国工人出版社，1999.

25. 陈骥．改革中的工会和工会的改革［M］．北京：中国工人出版社，1999.

26. 高爱娣．新中国工会史［M］. 北京：中国经济出版社，1999.

27. 常凯．劳动关系学［M］. 北京：中国劳动社会保障出版社，2009.

28. 游正林．60 年来中国工会的三次大改革［J］. 社会学研究，2010（4）.

29. 冯同庆．劳动关系理论研究［M］. 北京：中国工人出版社，2012.

30. 常凯．劳动关系的集体化转型与政府劳工政策的完善［J］. 中国社会科学，2013（6）.

31. 王永玺，赵巧萍．新编中国工会史［M］. 北京：中国工人出版社，2013.

32. 林燕玲．国际劳工标准与中国劳动法比较研究［M］. 北京：中国工人出版社，2015.

后　记

《工会基础理论概论》是全国工会干部培训基础教材之一。

本次出版的《工会基础理论概论》是在2006年第一版、2013年第二版、2018年第三版的基础上，由全国总工会研究室、中国工运研究所、中国劳动关系学院负责修订。参加修订工作的人员有：赵健杰（第一章），杨冬梅（第二章），李羿、步志昊（第三章），赵薇（第四章），李嘉娜（第五章），闫永飞（第六章），潘泰萍（第七章），赖金金（第八章）。马骥同志负责本书的合稿工作，徐田成、杨志强、杨柳琴同志参与联络协调工作。全书由王利中同志审阅定稿。

由于编者水平有限，本书难免存在不足和疏漏之处，诚恳地欢迎广大读者批评指正。

编　者

2023年3月